Ausführliches Verzeichnis der

Guttentag'schen Sammlung

Deutscher Reichs- und Preußischer Gesetze

— Text-Ausgaben mit Anmerkungen; Taschenformat —

welche alle wichtigeren Gesetze in unbedingt zuverlässigen Gesetzestexten und in mustergültiger Weise erläutert enthält, befindet sich hinter dem Sachregister.

Guttentag'sche Sammlung
Nr. 46. Preußischer Gesetze. Nr. 46.
Textausgaben mit Anmerkungen.

Gesetz, betreffend den Austritt aus der Kirche.

Vom 14. Mai 1873.

Textausgabe
mit Einleitung, Anmerkungen und Sachregister

von

Heinrich Christian Caro,
Gerichtsassessor in Berlin.

Berlin 1911.
J. Guttentag, Verlagsbuchhandlung,
G. m. b. H.

Inhalt.

Abkürzungen.

(Nach den Vorschlägen des Deutschen Juristentages, soweit durch diese geregelt.)

A. = Anmerkung.
a.a.O. = am angegebenen Orte.
AbgH. = Abgeordnetenhaus.
a.E. = am Ende.
AG. = Amtsgericht.
AGGerSchrGeschO. = Geschäftsordnung für die Gerichtsschreibereien der Amtsgerichte vom 11. Oktober 1906.
AGPr. = Amtsgerichtspräsident.
Allerh. = Allerhöchste (r, s).
ALR. = Allgemeines Landrecht für die Preußischen Staaten.
a.M. = anderer Meinung.
Amtsbl. z. Potsdam = Amtsblatt der Königl. Regierung zu Potsdam und der Stadt Berlin.
Anl. = Anlage.
ao. = außerordentlich.
AppG. = Appellationsgericht.
AppGJ. = Jahrbuch für endgültige Entscheidungen der Preußischen Appellationsgerichte, herausgegeben von Johow.
ArchÖffR. = Archiv des öffentlichen Rechts.
Art. = Artikel (Mehrzahl: Artt.).
AusfB. = Allgemeine Verfügung (des Justizministers) vom 13. Juni 1873, — betreffend die Ausführung des Gesetzes über den Austritt aus der Kirche vom 14. Mai 1873.
Ausn. = Ausnahme.
AVf. = Allgemeine Verfügung.
bayer. = bayerisch.
betr. = betreffend.

BGB. = Bürgerliches Gesetzbuch für das Deutsche Reich vom 18. August 1896.

BGBl. = Bundesgesetzblatt.

Bk. = Bekanntmachung.

Böhm-Delius = Böhm-Delius „Handbuch des Rechtshilfeverfahrens im Deutschen Reiche sowie im und gegenüber dem Auslande“. 3. Aufl. 1906.

Böhm-Sontag = „Das Preußische Stempelsteuergesetz.“ 4. Aufl. 1910.

Braun = Braun „Über Gemeindemitgliedschaft in der Landeskirche“ in der Zeitschrift für Kirchenrecht Band 21 (6. Band der neuen Folge) 1886.

bz. = bezüglich.

bzw. = beziehungsweise.

cit. = citierte.

Crisolli-Schultz = Crisolli-Schultz „Die Preußischen Kirchensteuergesetze nebst den Ausführungsbestimmungen“. 1907.

dän. = dänisch.

das. = daselbst.

Dekl. = Deklaration.

Dernburg = Dernburg „Lehrbuch des Preußischen Privatrechts“. Band III. 4. Aufl. 1896.

DJZ. = Deutsche Juristen-Zeitung.

Drucks. = Drucksachen.

EGBGB. = Einführungsgesetz zum Bürgerlichen Gesetzbuch vom 18. August 1896.

EGMilStGO. = Einführungsgesetz zur Militärstrafgerichtsordnung vom 1. Dezember 1898.

Entsch. = Entscheidung (en).

Entw. = Entwurf.

ev. = eventuell.

ev.-luth. = evangelisch-lutherisch.

ev.-ref. = evangelisch-reformiert.

evangel. = evangelisch.

f. = folgende.

Förster-Eccius = Förster-Eccius „Preußisches Privatrecht“. Band IV. 7. Aufl. 1897.

Friedberg = Friedberg „Lehrbuch des katholischen und evangelischen Kirchenrechts“. 6. Aufl. 1909.

G. = Gesetz.

Geiger = Geiger „Die religiöse Erziehung der Kinder im deutschen Rechte“. 1903. (Katholisch.)

Goßner = Goßner „Preußisches evangelisches Kirchenrecht“. 1899.

Großherzogl. = Großherzoglich.

GS. = Gesetzsammlung.

Güttler = Güttler „Die religiöse Kindererziehung im Deutschen Reiche“. 1908. (Interkonfessionell.)

GVG. = Gerichtsverfassungsgesetz vom 27. Januar 1877 (in der vom 1. April 1910 ab geltenden Fassung).

Heinitz = Heinitz „Kommentar zum Preußischen Stempelsteuergesetz“. 3. Aufl. 1909.

Herrenh. = Herrenhaus.

Herrmann = Herrmann „Die gesetzlichen Bestimmungen über die religiöse Erziehung der Kinder in Mischehen“. 1907. (Evangelisch.)

hess. = hessisch.

Hinschius G. = Hinschius „Die Preußischen Kirchengesetze des Jahres 1873“. 1873.

Hinschius L. = Hinschius in „Allgemeines Landrecht für die Preußischen Staaten, herausgegeben von Koch“. 8. Aufl. 1886.

Hinschius K. = Hinschius „Das Preußische Kirchenrecht im Gebiete des Allgemeinen Landrechts“. 1884.

Horn = Horn „Die Erklärung des Kirchenaustrittes vor dem Konsul im Auslande im Hinblick auf das Preußische Gesetz vom 14. Mai 1873“ im Archiv des öffentlichen Rechts Band 27. 1911.

i.V.m. = in Verbindung mit.

JMBl.; JMV. = Justizministerialblatt; -verfügung.

jüd. = jüdisch.

JW. = Juristische Wochenschrift.

K. = Kirche.

KabO. = Kabinettsorder (s).

KAG. = Gesetz, betreffend den Austritt aus der Kirche. Vom 14. Mai 1873.

KassO. = Kassenordnung für die Justizbehörden vom 28. März 1907.

kathol. = katholisch.

KG. = Kammergericht.

KGJ. = Jahrbuch für Entscheidungen des Kammergerichts, herausgegeben von Johow usw.

Kgl. = Königlich.

KGPr. = Kammergerichtspräsident.

k.G.u.V.Bl. = kirchliches Gesetz- und Verordnungsblatt.

KirchG. = Kirchengesetz.

Kirch.Gem. = Kirchengemeinde.

kirchl. VerwO. = Verwaltungsordnung für das kirchliche Vermögen in den östlichen Provinzen der Preußischen Landeskirche vom $\frac{\text{15. Dezember 1886.}}{\text{17. Juni 1893.}}$

Kirch.u.SynodalO. = Kirchengemeinde- und Synodalordnung für die Provinzen Preußen, Brandenburg, Pommern, Posen, Schlesien und Sachsen vom 10. September 1873.

Köhler = Köhler „Über Austritt und Ausschluß aus der Kirche" in der Deutschen Zeitschrift für Kirchenrecht. 3. Folge Band III 1893.

Kollenscher = Kollenscher „Rechtsverhältnisse der Juden in Preußen". 1910.

Komm.Ber. = Kommissionsbericht.

v. König = v. König „Handbuch des Deutschen Konsularwesens". Band I. 7. Aufl. 1909.

Königr. = Königreich.

Konf. = Konsistorium.

KonsGG. = Gesetz über die Konsulargerichtsbarkeit vom 7. April 1900.

Korp.R. = Korporationsrechte.

Krueckemeyer = Krueckemeyer „Die Mischehe in Theorie und Praxis speziell in Preußen". 1904. (Katholisch.)

ldgrfl. = landgräflich.

LG. = Landgericht.

LGPr. = Landgerichtspräsident.

luth. = lutherisch.

MilFGG. = Reichsgesetz betr. die freiwillige Gerichtsbarkeit und andere Rechtsangelegenheiten in Heer und Marine vom 28. Mai 1901.

Min.Bl. f. d. inn. Verw. = Ministerialblatt für die innere Verwaltung.

Min.Reskr. = Ministerial-Reskript.

Mot. = Motive (wenn ohne Zusatz: Motive zum Gesetz, betr. den Austritt aus der Kirche, in den Anlagen zu den Sten.Ber. d. Abg.H. 1872/73. Band I Nr. 94).

MStGB. = Militärstrafgesetzbuch vom 20. Juni 1872.

MStGO. = Militärstrafgerichtsordnung vom 1. Dember 1898.

Mügel = Mügel „Preußisches Gerichtskostengesetz". 6. Aufl. 1910.

Müller = Müller „Die preußische Justizverwaltung". 6. Aufl. 1910.

Neumeyer = Neumeyer „Internationales Verwaltungsrecht". Band I. 1910.

o. = oben.

Ob.Trib. = Ober-Tribunal (mit Band und Seite: „Entscheidungen des Kgl. Ober-Tribunals").

OLG. = Oberlandesgericht (mit Band und Seite: „Die Rechtsprechung der Oberlandesgerichte auf dem Gebiete des Zivilrechts", herausgegeben von Mugdan und Falkmann).

OLGPr. = Oberlandesgerichtspräsident.

Pr.AG.BGB. = Preußisches Ausführungsgesetz zum Bürgerlichen Gesetzbuch vom 20. September 1899.

Pr.AG.GVG. = Preußisches Ausführungsgesetz zum Gerichtsverfassungsgesetz vom 24. April 1878 (in der vom 1. Januar 1900 ab geltenden Fassung).

Pr.FGG. = Preußisches Gesetz über die freiwillige Gerichtsbarkeit vom 21. September 1899.

PrG. = Preußisches Gesetz.

Pr.GKG. = Preußisches Gerichtskostengesetz vom $\frac{\text{25. Juni 1895}}{\text{25. Juli 1910}}$ (in der vom 1. Oktober 1910 ab geltenden Fassung).

Pr.OVG. = Preußisches Oberverwaltungsgericht (mit Band und Seite: „Entscheidungen des Königlich Preußischen Oberverwaltungsgerichts").

Pr.PStG. = Preußisches Gesetz über die Beurkundung des Personenstandes und die Form der Eheschließung vom 9. März 1874.

Pr.StStG. = Preußisches Stempelsteuergesetz vom 31. Juli 1895 (in der Fassung vom 30. Juni 1909).

Pr.VO. = Preußische Vormundschaftsordnung vom 5. Juli 1875.

Pr.VU. = Verfassungsurkunde für den Preußischen Staat vom 31. Januar 1850.

R. = Recht.

Recht = Zeitschrift „Das Recht".

ref. = reformiert.

rel. = religiös (rel.-: religions-).

Rel.Gemeinsch. = Religionsgemeinschaft.

Reskr. = Reskript.

RFGG. = Reichsgesetz über die Angelegenheiten der freiwilligen Gerichtsbarkeit vom 17. Mai 1898.

RG. = Reichsgesetz.

RGBl. = Reichsgesetzblatt.

rgm. = regelmäßig.

Richter = Richter „Lehrbuch des katholischen und evangelischen Kirchenrechts", bearbeitet von Dove und Kahl. 8. Aufl. 1886.

RMilG. = Reichsmilitärgesetz vom 2. Mai 1874.

röm.-kathol. = römisch-katholisch.

v. Rönne = v. Rönne „Ergänzungen und Erläuterungen des Allgemeinen Landrechts". Band IV, 7. Ausgabe 1885.

RPStG. = Reichsgesetz über die Beurkundung des Personenstandes und die Eheschließung vom 6. Februar 1875.

RV. = Verfassung des Deutschen Reichs vom 16. April 1871.
S. = Seite.
s. = siehe.
sächs. = sächsisch.
Schmidt = Schmidt „Der Austritt aus der Kirche". 1893.
Schmidt Festschrift = Schmidt „Neue Beiträge zum Austritt aus der Kirche" in der Festschrift für Friedberg. 1908.
Schultze-Oberneck = Schultze-Oberneck „Die Angelegenheiten der freiwilligen Gerichtsbarkeit". Band I und II. 1900.
SchutzgebG. = Schutzgebietsgesetz vom 10. September 1900.
s.g. = sogenannte (r, s).
StaatsG. = Staatsgesetz.
Sten.Ber. = Stenographische Berichte.
Strieth. = Striethorst „Archiv für Rechtsfälle aus der Praxis der Rechtsanwälte des Königl. Ober-Tribunals".
SynAG. = Gesetz, betreffend den Austritt aus den jüdischen Synagogengemeinden. Vom 28. Juli 1876.
Syn.Gem. = Synagogengemeinde.
Trusen = Trusen „Das Preußische Kirchenrecht im Bereiche der evangelischen Landeskirche". 2. Aufl. 1894.
u. = unten.
u.zw. = und zwar.
V. = Verordnung.
Vf. = Verfügung.
vgl. = vergleiche.
vorm. = vormals.
Vorm.Ger. = Vormundschaftsgericht.
ZKirchR. = (Deutsche) Zeitschrift für Kirchenrecht.
ZPO. = Zivilprozeßordnung vom 30. Januar 1877 (in der vom 1. April 1910 ab geltenden Fassung).
zsgestellt = zusammengestellt; Zsstellung = Zusammenstellung.
zZ. = zur Zeit.

I. Einleitung.

A. Entstehungsgeschichte und Geltung des Kirchenaustrittsgesetzes.

§ 1. Kirchenpolitische Grundlage des Gesetzes.

Das Vatikanische Konzil (1869/70), insbesondere die in der Sessio IV desselben vom 18. Juli 1870 erlassene Constitutio „Pastor aeternus“, durch welche die Unfehlbarkeit (Infallibilität) und der Universalepiskopat des Papstes zum Dogma der römisch-katholischen Kirche erhoben wurde, führten in Deutschland zu einem tiefgehenden Konflikte zwischen Staats- und Kirchengewalt, dem sogenannten „Kulturkampf“. Dieser fand im Reiche wie in den Einzelstaaten seinen äußeren Ausdruck in einer Reihe von gesetzgeberischen Maßnahmen, dazu bestimmt, eine schärfere Abgrenzung der staatlichen und kirchlichen Machtsphäre vorzunehmen.

In Preußen begann diese kirchenpolitische Ära mit dem Erlasse der vier sogenannten „Maigesetze“, nämlich

1. des Gesetzes über die Vorbildung und Anstellung der Geistlichen vom 11. Mai 1873 (GS. 1873 S. 191 f.),
2. des Gesetzes über die kirchliche Disziplinargewalt und die Errichtung des königlichen Gerichtshofes für kirchliche Angelegenheiten vom 12. Mai 1873 (GS. 1873 S. 198 f.),

3. des Gesetzes über die Grenzen des Rechts zum Gebrauche kirchlicher Straf- und Zuchtmittel vom 13. Mai 1873 (GS. 1873 S. 205 f.),
4. des Gesetzes, betreffend den Austritt aus der Kirche, vom 14. Mai 1873 (GS. 1873 S. 207 f.).

§ 2. Zweck des Gesetzes. Bisheriger Rechtszustand.

Das letzterwähnte — im folgenden als „Kirchenaustrittsgesetz" („KAG.") bezeichnete — Gesetz war zwar in seinem Entwurfe bereits unter dem Kultusminister v. Mühler geplant und in Angriff genommen worden, um eine auf die Dauer unerträglich gewordene Differenz zwischen der Praxis des obersten Gerichtshofes (des Königlichen Ober-Tribunals) einerseits und der höchsten staatlichen und kirchlichen Verwaltungsbehörden andererseits bezüglich der steuerrechtlichen Behandlung der Dissidenten, d. h. der lediglich aus einer Kirche ausgetretenen, einer anderen Kirche aber nicht beigetretenen Personen (Näheres s. u. A. 2 zu § 3 des Gesetzes), zum Ausgleiche zu bringen, infolge seiner Zusammenfassung mit den drei anderen Maigesetzen gewann es aber nunmehr eine weitergehende allgemein-kirchenpolitische Bedeutung, obwohl der innere Zusammenhang mit diesen Gesetzen nur ein sehr loser ist. Die Geringfügigkeit dieses Zusammenhanges fand schon rein äußerlich ihren Ausdruck darin, daß gerade die zur Vertretung der katholischen Interessen vorzugsweise berufene Zentrumspartei, teils im Interesse der Gewissensfreiheit, teils zwecks innerer Festigung der Kirche, für jede Erleichterung und gegen jede Erschwerung des Austrittes eintrat (so ausdrücklich Abgeordneter v. Mallinckrodt Sten. Ber. d. Abg.H. 1872/73 Band III S. 1741 f.; ferner insbesondere auch Abgeordneter Dr. Reichensperger a.a.O. Band I S. 696 f.) und daher insbesondere gegen die vom Abgeordnetenhause gegenüber der Regierungsvorlage eingeführte Überlegungsfrist und Erweiterung der vermögensrechtlichen Haftung der Ausgetretenen Stellung nahm, während die vorzugsweise evangelischen — insbesondere die liberalen — Parteien mit Rücksicht auf die sonst hauptsächlich zu befürchtende Gefährdung der Grundlagen der evangelischen Kirche diese Sicherungsmaßnahmen beantragten und durchsetzten.

Innerhalb dieses durch rein sachliche und in keinerlei Hinsicht irgendwie aggressive oder gar kirchenfeindliche Motive bestimmten Rahmens verfolgt das Gesetz den positiv-rechtlichen Zweck, zur sachgemäßeren Verwirklichung der bereits durch ALR. II 11 §§ 1 f. und Patent vom 30. März 1847 (GS. 1847 S. 121 f.) und sodann durch Art. 12 der Verfassungsurkunde vom 31. Januar 1850 gesetzlich gewährleisteten Glaubens- und Gewissensfreiheit „den Gegenstand für das ganze Staatsgebiet, insbesondere in betreff der vermögensrechtlichen Wirkungen, einheitlich zu ordnen" (Motive der Regierungsvorlage in den Drucks. des Abg.H. 1872/73 Band I Nr. 94 S. 436), nämlich „unter Beseitigung der aus der Praxis des höchsten Gerichtshofs hervorgehenden Beschwerden eine das ganze Staatsgebiet umfassende Regelung der Form und der bürgerlichen Wirkungen des Austritts aus der Kirche herbeizuführen" (Motive a.a.O. S. 437). Eine derart einheitliche Regelung bestand bis dahin nicht, der Rechtszustand war vielmehr folgender (vgl. Motive a.a.O. S. 436 f.):

1. Für das Gebiet des Allgemeinen Landrechts bestimmten die §§ 41, 42 Teil II Titel 11 ALR., daß „der Übergang von einer Religionspartei zu einer anderen in der Regel durch ausdrückliche Erklärung" zu erfolgen habe, daß aber „die Teilnehmung an solchen Religionshandlungen, wodurch eine Partei sich von der anderen wesentlich unterscheidet, . . . die Kraft einer ausdrücklichen Erklärung" haben

solle, „wenn nicht das Gegenteil aus den Umständen deutlich erhellet". Der § 17 der Verordnung betr. die Geburten, Heiraten und Sterbefälle usw. vom 30. März 1847 erforderte sodann für den Austritt aus der Kirche „eine vor dem Richter des Orts persönlich zum Protokoll abzugebende Erklärung," welche jedoch nur dann rechtliche Wirkung hatte, „wenn die Absicht, aus der Kirche auszutreten, mindestens vier Wochen vorher dem Richter des Ortes in gleicher Weise erklärt worden ist".

2. Für die Provinz Hannover bestimmte die preußische Verordnung vom 29. September 1867 über bürgerliche Eheschließung im § 8, daß es „zur Beseitigung etwaiger Zweifel darüber, ob ein Teil einer Religionsgesellschaft, deren Geistliche zur Trauung mit bürgerlicher Wirksamkeit ermächtigt sind, nicht angehöre, genügt, daß derselbe dem Richter persönlich seinen Willen, solcher Religionsgesellschaft nicht (ferner) angehören zu wollen, erklärt".

3. Für das ehemalige Kurfürstentum Hessen bestimmte das kurhessische Gesetz vom 29. Oktober 1848 im § 4 Abs. 2, daß bei einem Glaubenswechsel „die Änderung des Glaubensbekenntnisses von einer Anzeige über den Austritt bei dem Pfarrer oder dem sonstigen geistlichen Beamten, welcher für den Ausscheidenden nach dessen bisherigem Bekenntnisse zuständig war, abhängig" ist.

4. Für die vormals bayerischen Gebietsteile schrieb das bayerische Edikt vom 26. Mai 1818 (s.g. „Religionsedikt") im § 10 vor, daß „der Übergang von einer Kirche zu einer anderen . . . allzeit bei dem einschlagenden Pfarrer oder geistlichen Vorstand sowohl der neu gewählten als der verlassenen Kirche persönlich erklärt werden" müsse.

5. Für die übrigen Landesteile bestanden keine gesetzlichen Vorschriften über den Austritt aus der Kirche. Die Motive

(a.a.O. S. 436) nahmen daher an, daß sich dieser in den für den Austritt aus Korporationen im allgemeinen vorgesehenen Formen vollzog.

Dieser Verschiedenartigkeit der Form des Austritts entsprach denn auch die Verschiedenartigkeit der an ihn von der Gesetzgebung geknüpften bürgerlichen Wirkungen.

1. Für das landrechtliche Gebiet war die Wirkung auf die Form der Eheschließung, die Beurkundung des Personenstandes und die Vorbedingungen der gerichtlichen Ehescheidung von derjenigen auf die Befreiung von den kirchlichen Beiträgen zu unterscheiden. Hinsichtlich der ersteren bestimmten die §§ 16, 18 der vorerwähnten Verordnung vom 30. März 1847, daß die Geburten, Heiraten und Sterbefälle derjenigen Personen, welche nach Vorschrift dieser Verordnung aus ihrer Kirche ausgetreten sind und noch keiner vom Staate genehmigten Religionsgesellschaft angehören, durch die Ortsgerichte zu beglaubigen sind und daß bei Ehescheidungssachen solcher Personen die in der Verordnung über das Verfahren in Ehesachen vom 28. Juni 1844 hinsichtlich der Mitwirkung eines Geistlichen gegebenen Vorschriften keine Anwendung finden sollen. Hinsichtlich der Wirkung auf die Befreiung von kirchlichen Beiträgen bestimmte § 261 Teil II Titel 11 ALR., es solle „niemand bei einer Parochialkirche von einer anderen als derjenigen Religionspartei, zu welcher er sich selbst bekennt, zu Lasten oder Abgaben, welche aus der Parochialverbindung fließen, angehalten werden, wenn er gleich in dem Pfarrbezirke wohnt oder Grundstücke darin besitzt". Über die Auslegung dieser Bestimmung herrschte aber die erwähnte tiefgehende Differenz zwischen Gerichts- und Verwaltungspraxis.

2. Die Verordnung für die Provinz Hannover betrifft, wie aus ihrem Wortlaut ersichtlich, lediglich die Bedingungen der bürgerlichen Eheschließung.

3. Das kurhessische Gesetz bestimmte im § 5, es hebe „der Übertritt zu einer anderen Kirche oder Religionsgesellschaft ... alle Rechte und Verbindlichkeiten auf welche der verlassenen Kirche oder Religionsgesellschaft gegenüber vermöge der persönlichen Angehörigkeit zustanden und oblagen".

4. Das bayerische Edikt bestimmte im § 11 nur, daß „durch die Religionsänderung ... alle kirchlichen Gesellschaftsrechte der verlassenen Kirche verloren" gehen, behandelt somit nicht die Wirkung des Austritts auf die kirchlichen Verpflichtungen.

§ 3. Der Werdegang des Gesetzes im einzelnen.

I. Nachdem der Minister für die geistlichen, Schul- und Medizinalangelegenheiten (Dr. Falk) zufolge der Allerhöchsten Ermächtigungsorder vom 8. November 1872 am 18. d. M. dem Abgeordnetenhause den Entwurf des vorstehend im § 1 zu 3 bezeichneten Gesetzes hatte zugehen lassen, überreichte er in der Sitzung des Abgeordnetenhauses vom 9. Januar 1873 unter eingehender Darlegung des Standpunktes der Staatsregierung (Sten.Ber. d. AbgH. 1872/73 Bd. I S. 447—450) zufolge der weiteren Allerhöchsten Ermächtigungsorder vom 8. d. M. dem Hause die Entwürfe zu den a.a.O. zu 1 und 2 bezeichneten Gesetzen sowie fernerhin zugleich im Namen des Justizministers (Dr. Leonhardt) den „Entwurf eines Gesetzes, betreffend den Austritt aus der Kirche" (Drucks. d. AbgH. 1872/73 Bd. I Nr. 94).

Die erste Beratung des letzteren Gesetzes fand, nachdem auf Grund einer Geschäftsordnungsdebatte in der Sitzung vom 15. Januar 1873 die Reihenfolge in der Beratung der Gesetzentwürfe festgestellt worden war (Sten.Ber. a.a.O. S. 583—585), am 21. Januar 1873 statt (Sten.Ber. S. 696—698). In dieser wurde der Entwurf gemeinsam mit den Entwürfen der drei anderen Maigesetze einer Kommission von 21 Mitgliedern (der XIV. des Hauses) überwiesen (Sten.Ber. S. 696—698), welche sich (Sten.Ber. S. 677) wie folgt zusammensetzte: v. Bennigsen (Vorsitzender), Graf Bethusy-Huc (stellvertretender Vorsitzender), Graf v. Limburg-Stirum (Schriftführer), v. Brauchitsch (stellvertretender Schriftführer), v. Mallinckrodt, Dr. Reichensperger-Koblenz, Dr. Brüel, Müller-Berlin, Klotz-Berlin, Prinz Czartoryski, Dr. Hammacher, Dr. Gneist, Kanngießer, Clauswitz, v. Langendorff, Wagener, Dr. Wehrenpfennig, Richter-Sangerhausen, Holtz, Graf v. Schweinitz und Crain, Sack. Als Berichterstatter fungierte der Abgeordnete Dr. Gneist. Als Regierungskommissare nahmen an den Kommissionsberatungen hinsichtlich des Entwurfes zum Kirchenaustrittsgesetze als Vertreter des Justizministers der Geh. Ober-Justizrat Dr. v. Schelling und als Vertreter des Ministers der geistlichen Angelegenheiten der Geh. Ober-Regierungsrat de la Croix teil (Drucks. Bd. II Nr. 247). Die Kommission legte zunächst zwecks Beseitigung der gegen die Verfassungsmäßigkeit der Gesetzentwürfe geltend gemachten Bedenken in ihrem ersten Berichte vom 24. Januar 1873 (Drucks. Bd. I Nr. 128) dem Hause den „Entwurf eines Gesetzes betreffend die Abänderung der Artikel 15 und 18 der Verfassungs-Urkunde vom 31. Januar 1850" vor, durch welchen insbesondere der Bestimmung des Artikels 15 der Verfassung: „Die evangelische und die römisch-katholische Kirche sowie jede andere Religionsgemeinschaft ordnet und verwaltet ihre Angelegenheiten selbständig", der Zusatz beigefügt wurde: „bleibt aber den Staatsgesetzen und der gesetzlich geordneten Aufsicht des Staates unterworfen". Dieser Gesetzentwurf wurde nach eingehenden

Verhandlungen in beiden Häusern des Landtags von diesen angenommen und in unveränderter Fassung als „Gesetz, betr. die Abänderung der Artikel 15 und 18 der Verfassungs-Urkunde vom 31. Januar 1850, vom 5. April 1873" in der Gesetzsammlung vom 7. April 1873 (S. 143) publiziert.

Die Kommission erstattete inzwischen ihre zweiten — speziellen — Berichte über die Gesetzentwürfe, und zwar den das Kirchenaustrittsgesetz betreffenden unter dem 21. Februar 1873 (Drucks. Bd. II Nr. 247). Die zweite Beratung des Kirchenaustrittsgesetzes erfolgte daraufhin in der Sitzung vom 19. März 1873 (Sten.Ber. Bd. III S. 1741—1758), in welcher nach eingehenden Verhandlungen dem Kommissionsberichte gemäß der diesem beigefügte s.g. „Kommissionsentwurf" (vgl. die Zusammenstellung der Regierungsvorlage mit den Beschlüssen der Kommission in den Drucks. Bd. II Nr. 247) unverändert angenommen wurde (vgl. die Zusammenstellung der Regierungsvorlage mit den Beschlüssen des Abgeordnetenhauses in den Drucks. Bd. II Nr. 336).

Die dritte Beratung erfolgte schließlich in der Sitzung vom 21. März 1873, in welcher die Beschlüsse der zweiten Lesung unverändert angenommen wurden (Sten.Ber. Bd. III S. 1803—1805).

II. Das Herrenhaus hatte in seiner Sitzung vom 19. Februar 1873 (StenBer. des Herrenh. 1872/73 S. 123—128) die Entwürfe der 4 kirchenpolitischen Gesetze bereits vor deren Durchberatung im Plenum des Abgeordnetenhauses einer Kommission (der XI. des Hauses) von 20 Mitgliedern überwiesen. Diese Kommission, in welcher Graf zu Münster (vgl. a.a.O. S. 355) den Vorsitz führte, wurde in der Weise gebildet, daß jede der beiden großen Fraktionen des Hauses je 10 — in den Gesetzesmaterialien daher namentlich nicht aufgeführte — Mitglieder delegierte. Die damit bezweckte Beschleunigung wurde jedoch nicht erreicht, im Gegenteil wurde dadurch, daß sich infolge der Zusammensetzung der Kommission aus der gleichen Anzahl von Freunden und Gegnern der Entwürfe einerseits in fast allen wesentlichen Punkten Stimmengleichheit ergab, anderseits einander widersprechende Beschlüsse gefaßt wurden, eine Verzögerung in der Erledigung der Entwürfe herbeigeführt. Mit Rücksicht hierauf und mit Rücksicht auf das herannahende Ende der Session beschloß das Herrenhaus auf den Antrag v. Bernuth und Genossen vom 3. April 1873 (Drucks. d. Herrenh. Nr. 125 II) in der Sitzung vom 5. April 1873 (Sten.Ber. S. 345—355), nachdem auch Fürst Bismarck (a.a.O. S. 351) sich dafür ausgesprochen hatte, in namentlicher Abstimmung mit 74 gegen 38 Stimmen bei 1 Stimmenthaltung (Graf zu Münster als Vorsitzender der Kommission), die Beratung der 4 Gesetzentwürfe im Plenum vorzunehmen. Dementsprechend wurde verfahren, und zwar wurde der Entwurf zum Kirchenaustrittsgesetz in der Sitzung vom 30. April 1873 (Sten.Ber. S. 575—577) durchberaten und in der ihm durch die Kommission des Abgeordnetenhauses (s. o.) gegebenen, mittelst Übersendungsschreibens des Präsidenten des letzteren vom 21. März 1873 (Drucks. d. Herrenh. Nr. 117) dem Herrenhause übermittelten Fassung unverändert angenommen. In der Schlußberatung in der Sitzung vom 1. Mai 1873 (Sten.Ber. S. 586) wurde der Gesetzentwurf in der hierdurch festgestellten Fassung, — und zwar dem Antrage des Dr. Zachariae gemäß ohne weitere Debatte im ganzen, — angenommen.

III. Die Allerhöchste Sanktion wurde dem Gesetze wie den anderen Gesetzen sofort erteilt, und so wurde es unter dem Datum des 14. Mai 1873 in der Gesetzsammlung vom

15. Mai 1873 (Nr. 14 derselben S. 207—208) als Gesetz Nr 8127 zugleich mit den drei anderen Gesetzen publiziert.

Als Ausführungsbestimmung zum Kirchenaustrittsgesetze ist die — im § 11 desselben vorgesehene — Allgemeine Verfügung (des Justizministers) vom 13. Juni 1873, — betr. die Ausführung des Gesetzes über den Austritt aus der Kirche vom 14. Mai 1873 (JMBl. 1873 S. 183f.; s.u. III 1) erlassen. Eine Ergänzung des Gesetzes bildet das — durch die auf Antrag des Abg. Lasker (Sten.Ber. d. Abg.H. a.a.O. S. 1755) gefaßten Beschlüsse des Abgeordnetenhauses vom 19. und 21. März 1873 (Sten.Ber. a.a.O. S. 1758 und 1804) veranlaßte — Gesetz, betreffend den Austritt aus den jüdischen Synagogengemeinden, vom 28. Juli 1876 (GS. 1876 S. 353f.; s. u. III 2).

§ 4. Jetzige Geltung des Gesetzes.

Das Kirchenaustrittsgesetz ist, wie oben dargelegt, kein Kampfgesetz, sondern ein auf die Dauer berechnetes organisches Gesetz, das mehr zufällig als aus einem inneren Grunde heraus ein Bestandteil der Maigesetzgebung geworden ist und das darum die Stürme des Kulturkampfes überdauert hat. Eine unmittelbare (formelle) Änderung des Gesetzes ist nicht erfolgt. Insbesondere ist der von der Zentrumspartei in Konsequenz ihrer bei der Beratung des Kirchenaustrittsgesetzes im Abgeordnetenhause bereits eingenommenen Haltung (s. o.) zuerst im Jahre 1900 und sodann wiederholt im Reichstage eingebrachte „Entwurf eines Reichsgesetzes, betr. die Freiheit der Religionsübung", der s. g. „Toleranzantrag", nicht Gesetz geworden, da die verbündeten Regierungen mit Rücksicht auf den darin liegenden Eingriff in die einzelstaatliche Gesetzgebung ihre Mitwirkung ablehnten (zur Kritik des Toleranzantrages vgl. Schmidt Festschrift S. 74f. und die dort Citierten). Ebenso war bereits der bei der Kodifizierung des Bürgerlichen Gesetzbuches gemachte Versuch, die in das Kirchenaustrittsverfahren tief eingreifende Frage der religiösen Kindererziehung (s. u. A. 5b zu § 1 des Gesetzes) reichsrechtlich zu regeln, gescheitert. Das Kirchenaustrittsgesetz gilt daher formell in unveränderter Weise fort. Inwieweit es mittelbar (materiell) durch die spätere Reichs- und Landesgesetzgebung beeinflußt ist, ist bei der Erläuterung des Gesetzes an den einschlägigen Stellen im einzelnen dargestellt. Das Gesetz gilt für die ganze preußische Monarchie in ihrem jetzigen Bestande, mit Ausnahme des vormaligen Herzogtums Lauenburg und der Insel Helgoland, sowie mit einer Besonderheit wegen der Kosten auch in den deutschen Konsulargerichtsbezirken und Schutzgebieten (Näheres s. u. A. 1 zur Eingangsformel des Gesetzes).

B. Systematische Übersicht des Stoffes.

§ 1. Gegenstand des Kirchenaustrittsgesetzes.

Das Kirchenaustrittsgesetz regelt den Austritt aus der evangelischen und römisch-katholischen (einschließlich der altkatholischen) Kirche sowie aus einer sonstigen mit Korporationsrechten ausgestatteten Religionsgemeinschaft, z. B. dem Judentum, mit bürgerlicher Wirkung. Es regelt nicht den Austritt aus einer nicht mit Korporationsrechten ausgestatteten Religionsgemeinschaft sowie fernerhin nicht den Austritt aus der einzelnen Parochie; nur den Juden ist durch das ergänzende Synagogenaustrittsgesetz der Austritt aus der einzelnen Synagogengemeinde ohne Austritt aus dem Judentum gestattet, jedoch lediglich bei Vorliegen religiöser Bedenken, nicht aus anderen Gründen (Steuerbefreiung usw.).

Das Gesetz regelt nur die Form und die bürgerlichen Wirkungen des Austritts, d. h. die Befreiung von den kirchlichen Lasten (Abgaben und Beiträgen), die religiösen Wirkungen läßt es unberührt.

Für den Übertritt von einer Kirche oder mit Korporationsrechten ausgestatteten Religionsgemeinschaft zu einer anderen derartigen Gemeinschaft läßt das Gesetz es bei dem bestehenden Rechte bewenden; dieser vollzieht sich daher nach den bestehenden partikularrechtlichen Bestimmungen (s. o.), in deren Ermangelung nach den innerkirchlichen Vorschriften, z. B. bei Angehörigen einer christlichen Konfession regelmäßig durch Teilnahme an dem Abendmahle einer anderen christlichen Konfession. Wird jedoch die bürgerliche Wirkung bezweckt, so bedarf es der Beobachtung der für den Austritt vorgeschriebenen Form.

§ 2. Materielle Voraussetzungen des Austrittes.

Hinsichtlich der materiellen Voraussetzungen des Austrittes, insbesondere der Befugnis zur Erklärung desselben, enthält das Gesetz keine Bestimmungen, es kommen hierauf vielmehr die allgemeinen reichs-, landes- und partikularrechtlichen — gesetzlichen oder gewohnheitsrechtlichen — Vorschriften zur Anwendung. Erforderlich ist hiernach zur Abgabe der Austrittserklärung die volle Geschäftsfähigkeit. Geschäftsunfähigkeit und beschränkte Geschäftsfähigkeit (außer wegen jugendlichen Alters, s. u.) schließen die Zulässigkeit einer Erklärung aus; die Zustimmung des Vormundes als gesetzlichen Vertreters oder die Abgabe der Erklärung durch diesen ist wirkungslos. Gleichgiltig ist dagegen das Geschlecht; auch weibliche Personen können ihren Austritt erklären, insbesondere sind Ehefrauen selbständig erklärungsberechtigt, ohne daß sie zu ihrer Erklärung der Genehmigung des Ehemannes bedürften, während anderseits der Ehemann nicht berechtigt ist, für sie den Austritt zu erklären und sein Austritt (bzw. Konfessionswechsel) auf ihre Konfession ohne Einfluß ist. Gleichgiltig ist ferner die Staatsangehörigkeit des Erklärenden: alle Personen, welche in Preußen ihren Wohnsitz haben, können hier ihren Austritt erklären, ohne Rücksicht darauf, ob sie preußische Staatsangehörige, außerpreußische Reichsangehörige oder Nichtdeutsche (Ausländer) sind oder ob sie überhaupt keine — oder keine feststellbare — Staatsangehörigkeit besitzen (s.g. „Staatenlose"). Erforderlich ist hingegen weiterhin das Vorhandensein der Religionsmündigkeit (konfessionellen Mündigkeit). Diese tritt in den meisten Landesteilen mit der Erreichung eines bestimmten Alters ein. Letzteres — Unterscheidungs(Diskretions)alter (jahr) — ist im Gebiete des Allgemeinen Landrechts, d. h. in den Provinzen Ostpreußen, Westpreußen, Posen, Schlesien, Brandenburg, Pommern mit Ausnahme von Neuvorpommern und Rügen, Sachsen, Westfalen, in den zur Rheinprovinz gehörigen Kreisen Rees, Essen, Duisburg und Mühlheim a. d. Ruhr, in den bis 1866 hannöverschen Gebieten Ostfriesland, Lingen und Eichsfeld, sowie infolge besonderer Einführung der betreffenden landrechtlichen Bestimmungen auch in den nicht-landrechtlichen Teilen der Rheinprovinz, in der vormals bayerischen Enklave Kaulsdorf und dem vormals landgräflich hessischen Oberamte Meisenheim das vollendete 14. Lebensjahr, desgleichen in dem vormaligen Königreich Hannover, dem vormaligen Herzogtum Nassau und dem vormals Großherzogl. Hessischen Kreise Biedenkopf mit der Enklave Vöhl; in dem vormaligen Kurfürstentum Hessen das vollendete 18., in der vormals freien Stadt Frankfurt a. M. regelmäßig das vollendete 16., in den vormals bayerischen Ämtern Weyhers, Hilders und Orb das vollendete 21. (Volljährigkeit) Lebensjahr, in Schleswig-Holstein gewohnheitsrechtlich das normale Konfirmationsalter, d. h. bei Knaben das vollendete 16., bei Mädchen das vollendete 15. Lebensjahr. In den übrigen Landesteilen (insbesondere Neuvorpommern, Rügen, Hohenzollern, vormals landgräflich hessisches Oberamt Homburg v. d. H.) bestehen keine gesetzlichen oder gewohnheitsrechtlichen Bestimmungen, die Erklärungsbefugnis ist daher von der durch Untersuchung festzustellenden geistigen Reife abhängig. Mit dem Eintritte der Religionsmündigkeit ist jede Person zur selbständigen Abgabe der Aus- oder Übertrittserklärung berechtigt; die Eltern oder sonstigen Erziehungsberechtigten haben kein Erklärungsrecht mehr für das Kind und auch kein Einspruchsrecht gegen die Aus- oder Übertrittserklärung desselben. Vor Eintritt der Religionsmündigkeit kann der Aus- oder Übertritt eines Kindes nur durch den Erziehungsberechtigten (nicht durch den gesetzlichen Vertreter) nach näherer Maßgabe der die religiöse Kindererziehung betreffenden partikularrechtlichen Bestimmungen erfolgen. Für das Gebiet des Allgemeinen Landrechts (s. o.) und die ihm in dieser Hinsicht angegliederten Gebiete (die nicht-landrechtlichen Teile der Rheinprovinz, Kaulsdorf, Meisenheim), also für den größten Teil der Monarchie, gilt, — während der Rechtszustand in den anderen Landesteilen sehr zersplittert ist, — unter Zugrundelegung der die äußerst streitige und schwierige Frage der religiösen Kindererziehung betreffenden jetzigen Judikatur des Kammergerichts (der höchsten Instanz in Kirchenaustrittssachen für die ganze Monarchie, s. u.), folgendes (im einzelnen s. u. A. 5 b II A zu § 1 des Gesetzes): Für eheliche Kinder, und zwar sowohl bei konfessionell-einheitlichen wie bei konfessionell-gemischten Ehen, ist während bestehender Ehe oder nach Auflösung derselben durch Scheidung regelmäßig der Vater erklärungsberechtigt, die Mutter dagegen nur dann, wenn der Vater an der Ausübung der Erziehungsgewalt tatsächlich (z. B. durch dauernde Abwesenheit) oder rechtlich (z. B. durch

Geschäftsunfähigkeit wegen Geisteskrankheit) verhindert ist und sie sein Einverständnis vor, oder soweit zu erlangen und rechtswirksam, nach Eintritt der Behinderung nachweist. Nach Auflösung der Ehe durch Tod der Mutter ist der Vater stets erklärungsberechtigt, nach Auflösung der Ehe durch den Tod des Vaters die Mutter dagegen nur dann, wenn der Vater mindestens während des ganzen letzten Jahres vor seinem Tode das Kind in einem von dem seinigen (des Vaters) abweichenden Glaubensbekenntnisse hat unterrichten lassen; ein in anderer Weise geäußerter Wille des Vaters sowie eine Einigung der Eltern verlieren mit dem Tode des Vaters ihre Kraft. Stirbt dieser daher, bevor das Kind das schulpflichtige Alter erreicht hat, so ist eine Aus- oder Übertrittserklärung für ein religionsunmündiges Kind ausgeschlossen; der vorerwähnte anderskonfessionelle Unterricht eines Kindes zu Lebzeiten des Vaters hat nur für dieses Kind Bedeutung und ist für die Konfessionsbestimmung der anderen Kinder unbeachtlich. Nach dem Tode beider Eltern steht das Erklärungsrecht dem Vormunde nach Maßgabe der für die Mutter geltenden vorstehend wiedergegebenen Bestimmungen zu. Adoptivkinder erhalten durch die Annahme an Kindesstatt mit Rechtsnotwendigkeit die Konfession des Annehmenden; hinsichtlich eines vorher andersgläubigen Kindes ist ein gerichtlicher Aus- oder Übertritt daher weder erforderlich noch zulässig; für eine nach vollzogener Adoption erfolgende anderweitige Aus- oder Übertrittserklärung kommen die vorstehend für leibliche Kinder entwickelten Grundsätze zur Anwendung. Ebenso gelten legitimierte Kinder als ehelich. Uneheliche Kinder folgen, — und zwar gleichfalls mit Rechtsnotwendigkeit, — der jeweiligen Konfession der Mutter, so daß sie zunächst die Konfession derselben zur Zeit ihrer (der Kinder) Geburt erhalten und sodann von einem Aus- oder Übertritte der

Mutter ohne weiteres mitbetroffen werden. Eine besondere Aus- oder Übertrittserklärung für sie bei Aus- oder Übertritt der Mutter ist daher weder erforderlich noch zulässig, eine Aus- oder Übertrittserklärung ohne einen gleichzeitigen Aus- oder Übertritt der Mutter als gegen zwingende Rechtsnormen verstoßend gleichfalls unzulässig; will eine uneheliche Mutter den Konfessionswechsel (bzw. die Konfessionslosigkeit) ihres Kindes herbeiführen, so muß sie für ihre Person den Aus- oder Übertritt erklären; nach dem Tode der Mutter ist infolge Wegfalls dieser Möglichkeit eine Konfessionsänderung des Kindes völlig ausgeschlossen. Die gerichtliche Aus- oder Übertrittserklärung für ein uneheliches Kind ist daher unter allen Umständen unzulässig und unwirksam. Eine Ausnahme gilt nur für die nicht-landrechtlichen Teile der Rheinprovinz, in denen die uneheliche Mutter und nach deren Ableben der Vormund ein freies konfessionelles Bestimmungsrecht hinsichtlich des Kindes haben. Unberührt bleiben durch die vorstehenden Vorschriften über den Kirchenaustritt von Kindern, — da das Kirchenaustrittsgesetz nur die bürgerlichen Wirkungen des Austritts regelt (s. o.), — die staatskirchenrechtlichen Vorschriften über den konfessionellen Schulunterricht, insbesondere der sogenannten „Dissidentenkinder", zumal das preußische Staatskirchenrecht eine konfessionslose Erziehung nicht kennt.

§ 3. Form des Austritts.

Der Austritt erfolgt durch Erklärung des Austretenden in Person vor dem Richter seines Wohnortes. Die Erklärung muß daher von dem Austretenden mündlich und persönlich abgegeben werden; die Abgabe einer schriftlichen Erklärung oder die Vertretung durch eine andere Person ist unzulässig; die einen Ausfluß der religiösen Erziehungsgewalt bildende Abgabe der Erklärung für ein religionsunmündiges Kind durch den Erziehungsberechtigten (s. o.) bleibt davon unberührt. Sachlich zuständig zur Entgegennahme der Austrittserklärung sind die Amtsgerichte; gegen ihre Beschlüsse ist das Rechtsmittel der (einfachen und fristlosen) Beschwerde an das übergeordnete Landgericht gegeben, gegen die Entscheidung des letzteren bei Vorliegen einer Gesetzesverletzung dasjenige der (gleichfalls einfachen und fristlosen) weiteren Beschwerde an das — als höchste Instanz (s.g. „Kleines Obertribunal") einheitlich für die ganze Monarchie bestimmte — Kammergericht. Örtlich zuständig ist das Amtsgericht des Wohnortes, d. h. des ständigen Wohnsitzes, nicht des bloßen tatsächlichen Aufenthaltsortes. Der Begriff des Wohnsitzes wird durch die §§ 7—11 BGB. und einzelne Sondernormen bestimmt (Näheres s. u. A. 9 zu § 1 des Gesetzes). Es haben daher z. B. Militärpersonen, die nur zur Erfüllung der Wehrpflicht dienen, sowie Arbeiter, Gewerbegehilfen, Studierende, Schüler, Lehrlinge, Dienstboten, Insassen von Straf-, Untersuchungs-, Festungsgefängnissen, Arbeitshäusern, Fürsorgeerziehungsanstalten, Irrenheilanstalten, Krankenhäusern und dergl. ihren Austritt nicht vor dem Amtsgericht ihres Garnison-, Arbeits-, Studien-, Schul-, Dienst-, Internierungs-, Heilortes usw., sondern vor demjenigen ihres ständigen Wohnsitzes zu erklären. Das hiernach zur Zeit der Stellung des Antrages auf Entgegennahme der Austrittserklärung (s. u.) zuständige Gericht bleibt zur Entgegennahme dieser Erklärung auch dann zuständig, falls der Antragsteller vor Abgabe der letzteren seinen Wohnsitz verlegt, während die Zuständigkeit des Gerichts seines neuen Wohnsitzes nicht begründet wird. Hält der Antragsteller sich außerhalb des Bezirkes des zur Entgegennahme der Austrittserklärung zuständigen Amtsgerichts auf, so kann auf seinen Antrag die Aufnahme der Erklärung im Wege der Rechtshilfe geschehen. Diese erfolgt seitens der preußischen Gerichte ohne weiteres, seitens der außerpreußischen deutschen sowie der ausländischen Gerichte nur nach Maßgabe der etwaigen Staatsverträge, in deren Ermangelung nach Maßgabe des Völkerrechts und des Herkommens bzw. des internationalen Privatrechts; hinsichtlich der Signatarmächte des Haager Abkommens vom 17. Juli 1905 (in Kraft seit dem 27. April 1909) erfolgt sie in erster Linie nach Maßgabe des letzteren; seitens der Militärbehörden (Kriegs- und Oberkriegsgerichtsräte) erfolgt sie nur „im Felde“, seitens der Marine-, Konsular- und Schutzgebietsbehörden ist sie unzulässig.

Der Aufnahme der Austrittserklärung muß ein Antrag vorangehen. Dieser kann schriftlich oder zu Protokoll des Gerichtsschreibers gestellt werden. Einer Stellung des Antrages in Person bedarf es nicht; er kann daher auch durch einen Stellvertreter gestellt werden, der jedoch eine ausreichende Vollmacht (regelmäßig in öffentlich beglaubigter Form) nachweisen muß. Abschrift des Antrages wird vom Richter dem Vorstande der Kirchengemeinde (nicht dem Geistlichen als solchem), welcher der Antragsteller angehört, unverzüglich zugestellt. Dem Antragsteller wird hiervon unter Bezeichnung des Tages, an welchem sein Antrag eingegangen ist, Kenntnis gegeben. Die Anberaumung eines Termins zur Aufnahme der Austrittserklärung und die Ladung des Antragstellers zu einem solchen findet nicht statt. Es steht dem Antragsteller vielmehr frei, sich an jedem Geschäftstage, welcher in die nachstehend zu besprechende Erklärungsfrist fällt, zur Abgabe der Austrittserklärung an der Gerichtsstelle zu melden; regelmäßig wird ihm die kalendermäßige Dauer dieser Frist in dem Benachrichtigungsschreiben mitgeteilt.

Die Aufnahme der Austrittserklärung erfolgt erst nach Ablauf der s.g. „Überlegungs(Deliberations)frist“, nämlich nicht vor Ablauf von 4 Wochen und spätestens innerhalb 6 Wochen nach Eingang des Antrages, d. h. frühestens am 29. und spätestens am 42. Tage nach Ablauf des Tages, an welchem der Antrag bei Gericht eingegangen ist. Ist der 42. Tag ein Sonn- oder staatlich anerkannter allgemeiner Feiertag, so verlängert sich die Frist zur Abgabe der Erklärung, die s.g. „Erklärungsfrist", auf den nächstfolgenden Werktag; eine am 25. oder 26. Dezember (ersten oder zweiten Weihnachtsfeiertag) an sich endende Frist läuft daher z. B. erst am 27., und, falls dieses ein Sonntag ist, am 28. Dezember ab. Im übrigen sind in den Beginn oder in den Lauf der Erklärungsfrist sowie auf den Tag des Einganges des Antrages oder in den Beginn, Lauf oder das Ende der Überlegungsfrist fallende Sonn- oder Feiertage einflußlos. Eine unter Nichtbeachtung dieser Frist abgegebene Erklärung ist unbedingt und unheilbar unwirksam. Eine Abänderung der Erklärungsfrist, insbesondere eine Verlängerung oder Verkürzung derselben, ist, auch in Notfällen, unzulässig, eine Wiedereinsetzung in den vorigen Stand findet nicht statt. Die Frist läuft auch in den Gerichtsferien; desgleichen wird auch das ganze Verfahren durch die letzteren nicht beeinflußt, so daß auch ein Antrag innerhalb derselben gestellt werden kann. Die Abgabe der Erklärung muß vor dem Richter erfolgen; für ihre Entgegennahme und Beurkundung ist daher weder der Gerichtsschreiber noch etwa ein Notar zuständig. Sie erfolgt zu gerichtlichem Protokoll, das vom Richter allein ohne Hinzuziehung eines Gerichtsschreibers aufgenommen werden kann. Dieses sowie das bei der Verhandlung zu beobachtende Verfahren unterliegt den die Beurkundung eines Rechtsgeschäftes betreffenden Vorschriften des preußischen und des Reichsgesetzes, betreffend die Angelegenheiten der freiwilligen Gerichtsbarkeit; dies gilt insbesondere von der Verhandlung und Abfassung des Protokolls bei Sprachfremden, Tauben, Stummen, Blinden und Schreibensunfähigen (Analphabeten); Näheres s. u. A. 13 zu § 2 des Gesetzes. Die Religionsangehörigkeit ist regelmäßig durch Vorlegung von Urkunden, insbesondere des Tauf- oder Konfirmations- (bei Evangelischen) bzw. Kommunionsscheines (bei Katholiken), nachzuweisen, desgleichen bei einem Übertritt zu einer anderen Kirche oder mit Korporationsrechten ausgestatteten Religionsgemeinschaft die Aufnahmebescheinigung der letzteren. Ist der Antragsteller am Erscheinen vor Gericht, z. B. durch Krankheit, verhindert, so hat der Richter auf seinen Antrag die Erklärung in der Wohnung usw. des Antragstellers aufzunehmen (Lokaltermin). Abschrift des Protokolls wird vom Richter dem Vorstande der Kirchengemeinde, welcher der Antragsteller bisher angehörte, nicht auch derjenigen, zu welcher er etwa übergetreten ist, zugestellt. Dem Antragsteller ist auf Verlangen eine Bescheinigung des Aus- oder Übertritts zu erteilen. Die ursprüngliche Gebührenfreiheit des Verfahrens ist aufgehoben. Es wird jetzt für das ganze Verfahren, einschließlich der Erteilung der Bescheinigung und einschließlich des etwaigen Verfahrens in den Beschwerdeinstanzen, eine Gebühr von drei Mark erhoben, wozu ein Kostenpauschquantum von fünfzig Pfennigen tritt. Ein Stempel wird nicht erhoben. Die Erteilung der Bescheinigung insbesondere erfolgt daher völlig gebühren-, stempel- und kostenfrei. Die Entgegennahme der Erklärung kann regelmäßig von der vorschußweisen Zahlung des Kostenpauschquantums von 0,50 ℳ (nicht auch der Gebühr von 3 ℳ) abhängig gemacht werden. Erfolgt die Austrittserklärung nicht, — sei es infolge Unwirksamwerdens, sei es infolge Rücknahme des Antrages, — so werden jetzt dagegen, um eine Wiederabstandnahme von der Austrittserklärung zu erleichtern, keinerlei Gebühren und Kosten erhoben; der etwa bereits gezahlte Vorschuß wird in voller Höhe zurückgezahlt.

§ 4. Wirkungen des Austritts.

Die Austrittserklärung bewirkt, daß der Ausgetretene zu Leistungen, welche auf der persönlichen Kirchen- oder Kirchengemeinde-Angehörigkeit beruhen, nicht mehr verpflichtet wird. Hierzu gehören prinzipiell alle kirchlichen Leistungen, da begrifflich jede Verpflichtung die Zugehörigkeit zu der betreffenden Kirche voraussetzt und die hiervon bestehenden Ausnahmen jetzt fast sämtlich aufgehoben sind. Diese Wirkung tritt mit dem Schlusse des auf die Austrittserklärung (nicht auf die Stellung des Antrages) folgenden Kalenderjahres ein; ist also z. B. der Antrag auf Entgegennahme der Austrittserklärung am 31. Dezember 1910 bei Gericht eingegangen und der Austritt am 29. Januar 1911 erklärt, so endet die Leistungspflicht mit dem Ablaufe des 31. Dezember 1912. Zu den Kosten eines außerordentlichen Baues, dessen Notwendigkeit vor Ablauf des Kalenderjahres, in welchem der Austritt aus der Kirche erklärt wird, gleichgiltig, ob vor oder nach Abgabe der Erklärung, festgestellt ist, hat der Austretende jedoch bis zum Ablauf des zweiten auf die Austrittserklärung folgenden Kalenderjahres ebenso beizutragen, als wenn er seinen Austritt aus der Kirche nicht erklärt hätte. In dem vorerwähnten Falle endet also z. B. die Verpflichtung, falls die Notwendigkeit des Baues spätestens am 31. Dezember 1911 festgestellt ist, mit dem Ablaufe des 31. Dezember 1913. Leistungen, welche nicht auf der persönlichen Kirchen- oder Kirchengemeinde-Angehörigkeit beruhen (d. h. Verpflichtungen, welche unabhängig von der

Mitgliedschaft der betreffenden Kirche sind, z. B. die Baulast des Patrons bei einem persönlichen Patronat), insbesondere Leistungen, welche entweder kraft besonderen Rechtstitels auf bestimmten Grundstücken haften (z. B. die Baulast des Patrons bei einem dinglichen Patronat) oder von allen Grundstücken des Bezirks oder doch von allen Grundstücken einer gewissen Klasse in dem Bezirk ohne Unterschied des Besitzers zu entrichten sind (d. h. Reallasten, z. B. der Sackzehnte), werden durch die Austrittserklärung nicht berührt. Jüdische Grundbesitzer haben zur Erhaltung christlicher Kirchensysteme seit Inkrafttreten des Kirchenaustrittsgesetzes nur insoweit beizutragen, und Personen, welche vor letzterem Zeitpunkte ihren Austritt aus der Kirche nach den Vorschriften der bisherigen Gesetze erklärt haben, sind seit diesem nur insoweit leistungspflichtig, als es sich um die vorbezeichneten nicht auf der persönlichen Kirchen- oder Kirchengemeinde-Angehörigkeit beruhenden Leistungen handelt. Ein Anspruch auf Stolgebühren, d. h. die für die Vornahme bestimmter Amtshandlungen (Taufen, Trauungen, Begräbnisse usw.) an den Geistlichen zu entrichtenden Gebühren, und andere bei Gelegenheit bestimmter Amtshandlungen (z. B. an die Kirchspielsarmen) zu entrichtende Leistungen kann gegen Personen, welche der betreffenden Kirche nicht angehören, — gleichgiltig, ob sie dieser niemals angehört haben oder ob sie aus ihr, sei es gerichtlich, sei es nur kirchlich, erst ausgetreten sind —, nur dann geltend gemacht werden, wenn die Amtshandlung auf ihr Verlangen wirklich verrichtet worden ist. Die Wirkungen des Austritts aus der Synagogengemeinde sind vom Synagogenaustrittsgesetze im einzelnen geregelt.

II. Gesetz, betreffend den Austritt aus der Kirche. Vom 14. Mai 1873.

(Gesetzsammlung 1873 S. 207 f.)

Wir Wilhelm von Gottes Gnaden König von Preußen rc. verordnen mit Zustimmung beider Häuser des Landtages, für den Umfang der Monarchie, einschließlich des Jadegebietes[1] [2], was folgt:

1. Örtliche Wirksamkeit des Gesetzes.

a) Das Gesetz gilt für den ganzen zur Zeit seines Erlasses maßgebend gewesenen Umfang des Preußischen Staates. Die besondere Hervorhebung des Jadegebietes ist mit Rücksicht auf G. 14. 5. 1855 (GS. 306) § 2 erfolgt, wonach die für die übrigen Landesteile künftig zu erlassenden Gesetze und Verordnungen für die Jadegebiete nur dann gesetzliche Kraft haben sollten, wenn dieselben entweder ausdrücklich für diese Gebiete miterlassen oder durch eine besondere Verordnung eingeführt worden sind.

b) In den nach Erlaß des KAG. hinzugetretenen Landesteilen gilt das KAG. in dem durch Staatsvertrag mit Braunschweig über die Teilung des Kommuniongebietes am Unterharze v. 9. 3. 1874 (GS. 295 f.) einverleibten Gebiete gemäß G. 21. 4. 1875 (GS. 199), im ehemaligen Herzogtum Lauenburg (durch G. 23. 6. 1876, GS. 169 f., einverleibt, bis dahin nur in Personalunion) und in Helgoland (durch RG. 15. 12. 1890, RGBl. 207 f., und PrG. 18. 2. 1891, GS. 11 f., einverleibt) ist es dagegen nicht eingeführt.

c) Das KAG. gilt ferner als ein neben den Reichsgesetzen innerhalb Preußens im früheren Geltungsbereiche des ALR. in Kraft stehendes allgemeines Landesgesetz gemäß KonsGG. § 19 in den deutschen Konsulargerichtsbezirken und damit auch gemäß SchutzgebG. § 3 in den deutschen Schutzgebieten mit der Maßgabe, daß in beiden Gebieten die Gebühren in doppeltem Betrage der für sie vorgesehenen Sätze (s. u. A. 2 zu § 6) erhoben werden (KonsGG. § 73, SchutzgebG. § 3); in den Schutzgebieten kann jedoch durch Kaiserliche Verordnung die Anwendung einfacherer Bestimmungen für die Zustellungen, die Zwangsvollstreckung und das Kostenwesen angeordnet werden (SchutzgebG. § 6 Nr. 7); das Verordnungsrecht ist dem Reichskanzler und mit dessen Genehmigung dem Gouverneur (Landeshauptmann) übertragen worden (V. 9. 11. 00, RGBl. 1005 f.).

2. Zeitliche Wirksamkeit des Gesetzes: s. u. A. 1 zu § 4.

§ 1.

Der Austritt aus einer Kirche[1] [2] mit bürgerlicher Wirkung[3] erfolgt durch Erklärung[4] des Austretenden[5] in Person[6] vor[7] dem Richter[8] seines Wohnortes[9] [10].

Rücksichtlich des Übertrittes[11] von einer Kirche zur anderen[12] verbleibt es bei dem bestehenden Recht[13].

Will jedoch der Übertretende von den Lasten seines bisherigen Verbandes befreit werden[14], so ist die in diesem Gesetz vorgeschriebene Form zu beobachten[15] [16].

1. Kirche. K. i. S. des KAG. sind die privilegierten christlichen Kirchen i. S. des preußischen Staatsrechtes, d. h. „die evangelische und die römisch-katholische Kirche." Dieses ergibt sich aus dem die letztere Fassung aufweisenden Art. 15 PrVU., der, da erst durch Gesetz vom 18. 6. 1875 (GS. 259) aufgehoben, zur Zeit des Erlasses des KAG. noch in Kraft war und gerade mit Rücksicht auf

dieses und die übrigen Maigesetze (s. o. Einl. A § 3) in anderer Beziehung abgeändert wurde. Zur römisch-katholischen Kirche gehören auch die Altkatholiken (G. 4. 7. 1875 GS. 333f., s. g. „Altkatholikengesetz"; KG. 3. 12. 00 KGJ. 21 A 37f. und OLG. 2, 112f., Förster-Eccius 702). Andere Religionsgemeinschaften gelten nicht als „Kirchen" i. S. des § 1, es finden auf sie aber, insoweit ihnen Korporationsrechte gewährt sind, nach § 8 KAG. (s. u.) die §§ 1—6 desselben Anwendung. Die Unterscheidung zwischen Kirchen und (sonstigen) mit Korporationsrechten ausgestatteten Religionsgemeinschaften ist daher insoweit nur formeller Natur, ein materiell-rechtlicher Unterschied waltet nicht ob.

2. Austritt. Austritt aus der Kirche ist das freiwillige Aufgeben der Mitgliedschaft in dieser im Gegensatze zu dem (vom KAG. nicht geregelten) unfreiwilligen Ausschlusse eines Mitgliedes aus derselben. Das Gesetz unterscheidet:

a) den „Austritt aus einer Kirche" (Abs. 1 des § 1);

b) den „Übertritt von einer Kirche zur anderen" (Abs. 2—3 des § 1).

Begrifflich involviert aber auch der Übertritt einen Austritt aus der K. (zustimmend: Hinschius S. 170; L. 4, 185; R. 25 und KG. 14. 4. 02 KGJ. 24 A 30), da das Staats- und Kirchenrecht ein sujet mixte nach Analogie des Völkerrechtes, — die gleichzeitige Angehörigkeit zu mehreren Religionsgemeinschaften —, abgesehen von der steuerrechtlichen Angehörigkeit eines nicht gerichtlich Übergetretenen auch zur alten Kirche (s. u. A. 16), nicht kennt, ein Übertritt ohne gleichzeitigen Austritt demnach rechtlich unmöglich ist. Der Übertritt ohne den gleichzeitigen Willen, aus der bisherigen Religionsgemeinschaft auszuscheiden, ist daher unzulässig und vom Richter zurückzuweisen. Die im § 1 gemachte Unterscheidung zwischen Austritt und Übertritt hat lediglich einen gesetzestechnischen Grund, nämlich den, daß das Gesetz in erster Linie nur die Materie des bloßen Austritts regelt, bezüglich des Übertritts es dagegen prinzipiell bei dem bisherigen Rechte bewenden lassen will (s. u. A. 13). Praktisch ist für das gerichtliche Verfahren daher folgendermaßen zu scheiden:

a) der (bloße) Austritt aus der Kirche ohne Übertritt zu einer anderen Kirche oder einer sonstigen mit Korporationsrechten ausgestatteten Religionsgemeinschaft (§ 8), sei es überhaupt ohne Anschluß an irgendeine andere religiöse Gemeinschaft, sei es zwecks Beitrittes zu einer nicht mit Korporationsrechten ausgestatteten Religionsgemeinschaft (Abs. 1 des § 1; s. u. A. 12).

b) der mit dem Übertritt zu einer Kirche oder zu einer sonstigen mit Korporationsrechten ausgestatteten Religionsgemeinschaft (§ 8) verbundene Austritt (Abs. 2, 3 des § 1; im einzelnen s. u. A. 12f.).

Das Gesetz regelt nur den Austritt aus der Kirche als solcher (in ihrer Gesamtheit), nicht den Austritt aus der einzelnen Parochie (vgl. Mot. 438; s. auch u. A. 9 zu § 2). Wegen des Austritts aus den jüdischen Synagogengemeinden s. SynAG. u. III 2.

3. Bürgerliche Wirkung.

KAG. behandelt nur die bürgerlichen, d. h. rechtlichen, nicht auch die religiösen Wirkungen des Austritts aus der K.; diese bleiben vielmehr unberührt. Die bürgerlichen Wirkungen beschränken sich jetzt (im Resultat zustimmend Kollenscher 109; übersehen von Horn 432) auf die vermögensrechtliche Seite, nämlich auf die Befreiung von Abgaben und Beiträgen, nachdem die in der Regierungsvorlage (Mot. 436) erwähnten Wirkungen auf die Eheschließung und die Beurkundung des Personenstandes durch das PrPStG. und sodann durch das RPStG. und auf die Vorbedingungen der gerichtlichen Ehescheidung (ALR. II 1 § 715) infolge Aufhebung des in letzterem Paragraphen in Bezug genommenen § 36 a.a.O. durch den (vom RPStG. unberührten) § 56 Satz 2 PrPStG. in Wegfall gekommen sind.

4. Erklärung. Form: § 2 Abs. 2 Satz 1.

5. des Austretenden. KAG. regelt nur die Form und die rechtlichen Wirkungen, nicht auch die materiellen Voraussetzungen des Austrittes, insbes. bestimmt es nichts über die Befugnis zur Abgabe der Erklärung (KG. 14. 12. 05 KGJ. 31 A 32 u. OLG. 12, 338). Bz. der letzteren kommen daher die allgemeinen Vorschriften zur Anwendung. In Betracht kommen fünf Gesichtspunkte: a) Geschäftsfähigkeit; b) Alter; c) Geschlecht; d) Religion; e) Staatsangehörigkeit.

a) Geschäftsfähigkeit. Die Austrittserklärung ist ein einseitiges empfangsbedürftiges Rechtsgeschäft. Sie setzt daher Geschäftsfähigkeit voraus (vgl. auch ALR. II 11 § 40). Zur Vornahme außer stande sind somit:

α) die geschäftsunfähigen Personen, nämlich (BGB. § 104 Nr. 2 u. 3; bz. Nr. 1, — Nichtvollendung des 7. Lebensjahres, — s. u. b) diejenigen Personen, welche sich in einem die freie Willensbestimmung ausschließenden Zustande krankhafter Störung der Geistestätigkeit befinden, sofern nicht der Zustand seiner Natur nach ein vorübergehender ist, oder welche wegen Geisteskrankheit entmündigt sind. Ihre Austrittserklärung ist nichtig (BGB. § 105 Abs. 1). Nichtig ist auch eine Willenserklärung, die im Zustande der Bewußtlosigkeit oder vorübergehender Störung der Geistestätigkeit abgegeben wird (BGB. § 105 Abs. 2). Auf die ev. Nichtigkeit bzw. Anfechtbarkeit einer Erklärung wegen Mentalreservation, Schein (Simulation), Scherz, Irrtum, arglistiger Täuschung, Drohung, Zwang usw. kommen die §§ 116 f. BGB. zur Anwendung;

β) die „geschäftsbeschränkten" Personen, nämlich diejenigen Personen, die wegen Geistesschwäche, Verschwendung oder Trunksucht entmündigt oder die nach § 1906 BGB. unter vorläufige Vormundschaft gestellt sind. Denn da diese nach § 114 BGB. in Ansehung der Geschäftsfähigkeit einem Minderjährigen gleichstehen, der das 7. Lebensjahr vollendet hat, Personen in diesem Alter aber (s. u. b) ihren Austritt noch nicht erklären dürfen, ermangeln auch die vorbezeichneten Personen der Austrittsbefugnis. Ihre Austrittserklärungen sind daher gleich denjenigen dieser Personen ebenfalls nichtig.

Eine Abgabe der Austrittserklärung durch den Vormund als gesetzlichen Vertreter ist in den Fällen α u. β wegen der höchstpersönlichen Natur der Erklärung (s. u. A. 6—7) unzulässig; die Zustimmung des Vormundes zu einer von dem nicht voll Geschäftsfähigen abgegebenen Erklärung ist wirkungslos.

b) Alter.

I. Religionsmündigkeit. Das Recht zur persönlichen Abgabe der gerichtlichen Aus(Über)trittserklärung ist eine Konsequenz des religiösen Selbstbestimmungsrechtes (vgl. KG. 26. 10. 03 KGJ. 27 A 19f.; 14. 2. 05 KGJ. 31 A 33 u. OLG. 12, 338) und daher gleich diesem von dem Vorhandensein der „Religionsmündigkeit (konfessionellen Mündigkeit)" abhängig. Letztere tritt in den meisten Landesteilen mit der Erreichung eines bestimmten Alters ein. Dieses — annus discretionis, Unterscheidungs(Diskretions)alter (jahr) — ist im Gebiete des ALR. (ALR. II 2 § 84) — über den Umfang dieses Gebietes s. o. Einl. B § 2 — das vollendete 14. Lebensjahr, ebenso (infolge der KabO. 17. 8. 1825 i.V.m. Dekl. 21. 11. 1803, s. u. II) in dem nichtlandrechtlichen Teile der Rheinprovinz (KG. 7. 11. 01 KGJ. 23 A 30f. u. 26. 10. 03 KGJ. 27 A 20; a.M. Schmidt 117) sowie ferner in der vorm. bayer. Enklave Kaulsdorf (V. 22. 5. 1867, GS. 729f., i.V.m. Patent 15. 11. 1816, GS. 233f.) und in dem vorm. ldgrfl. Hess. Oberamte Meisenheim (V. 20. 9. 1867, GS. 1534f.); in Hannover (V. 31. 7. 1826 §§ 7, 9) und Nassau (V. 22./26. 3. 1808) sowie in dem vorm. Großherzogl. Hess. Kreise Biedenkopf mit der Enklave Vöhl (vgl. MinReskr. 26. 1. 1832) gleichfalls das 14., in Kurhessen (G. 29. 10. 1848 § 4) das vollendete 18., in Frankfurt a. M. (V. 5. 9. 1811 Art. 11) rgm. das vollendete 16. (vgl. Art. 9, 10 wegen eines früheren Termins bei Konfessionswechsel der Eltern), in den vorm. bayer. Ämtern, jetzigen AG-Bezirken Weyhers, Hilders u. Ord (Edikt 26. 5. 1818 § 6, s.g. „Religionsedikt", aufrechterhalten durch V. 22. 5. 1867) das vollendete 21. (Volljährigkeit) Lebensjahr, in Schleswig-Holstein gewohnheitsrechtlich das normale (nicht das tatsächliche) Konfirmationsalter: bei Knaben das vollendete 16., bei Mädchen das vollendete 15. Lebensjahr (bz. Schleswig-Holstein: Hinschius S. 171, Schmidt 93f., Friedberg 292; bz. Holstein allein: OLG. Kiel 27. 3. 06 KGJ. 31 A 360f.). In den übrigen Landesteilen (insbes. Neuvorpommern, Rügen, Hohenzollern, vorm. ldgrfl. Hess. Oberamt Homburg v. d. H.) bestehen keine gesetzl. oder gewohnheitsrechtl. Bestimmungen, die Erklärungsbefugnis ist daher von der durch Untersuchung festzustellenden geistigen Reife abhängig (Schmidt 118). Alle diese Vorschriften gelten infolge Nichtaufhebung durch Pr.AG.BGB. Art. 89 fort.

Mit dem Eintritte der Religionsmündigkeit ist das Kind trotz seiner rgm. (Ausn.: Weyhers usw., s. o.) Minderjährigkeit zur selbständigen Abgabe der Aus(Über)trittserklärung berechtigt; die Eltern oder sonstigen Erziehungsberechtigten haben keine Erklärungsbefugnis mehr für das Kind und auch kein Einspruchsrecht gegen die Erklärung desselben, es hat vielmehr das Vormundschaftsgericht „den religionsmündigen Minderjährigen in seinem religiösen Selbstbestimmungsrechte gegen etwaige rechtswidrige Eingriffe der Eltern oder Erziehungsberechtigten zu schützen" und darf „ihm in Religionssachen keine Vorschriften machen" (KG. 19. 10. 05 KGJ. 31 A 35 bzw. 40, auch i. OLG. 12, 331f.); im Notfalle hat es dem Vater usw. die elterliche Gewalt zu entziehen (KG. 6. 7. 03 OLG. 7, 419f., 422). Immerhin wird mit Rücksicht auf den Ernst und die Wichtigkeit der Erklärung rgm. bei (bloßen) Austritten (zwecks Konfessionslosigkeit; in besonderen Fällen auch bei Übertritten) den Eltern oder sonstigen Erziehungsberechtigten (es sei denn, daß ihr Einverständnis offenbar ist) sowie insbes. dem Vormundschaftsgerichte, ev. auch anderen Stellen (Schule usw.; die Kirche erhält schon gemäß § 2 Abs. 1 Satz 2 KAG., s. u., Nachricht), seitens des Gerichts von dem Antrage, ev. auch von der definitiven Aus- (ev. auch Über)trittserklärung Nachricht zu geben sein, um eine erzieherische Einwirkung zu ermöglichen. Ebenso wird der Jugendliche vom Richter selbst vor Abgabe seiner Erklärung eindringlich auf die Bedeutung seines Schrittes hinzuweisen und es wird insbes. zu prüfen sein, ob er „die zu dem Rechtsgeschäft erforderliche Einsicht besitzt" (PrFFG. Art. 40 Abs. 1), und die ev. Zweifel werden sodann unter Beobachtung der a.a.O. vorgeschriebenen Form aktenkundig zu machen sein (s. u. A. 13 b δ zu § 2). Die Religionsmündigkeit muß bei Abgabe der definitiven Austrittserklärung erreicht, braucht dagegen noch nicht bei Stellung des Antrages vorhanden zu sein. Wird das Kind daher während der Überlegungsfrist (s. u. A. 11 zu § 2) religionsmündig, so muß der Antrag von dem Erziehungsberechtigten gestellt, die Erklärung selbst von dem Kinde abgegeben werden.

II. Religionsunmündigkeit. Religionsunmündige Personen können ihren Aus(Über)tritt nicht persönlich erklären, dieses kann vielmehr nur seitens anderer Personen (nämlich der Erziehungsberechtigten, s. u.) für sie erfolgen. Eine solche Abgabe ist zulässig, da eine Verneinung ihrer Zulässigkeit unter Berufung auf den Ausdruck des KAG. „in Person" eine allzu buchstäbliche Auslegung desselben involviert und KAG. mit diesem Ausdruck auch gar nicht der Abgabe der Erklärung durch den Erziehungsberechtigten entgegentreten, sondern lediglich unüberlegte Massenaustritte mittelst schriftlicher oder seitens gewillkürter Vertreter abgegebener Erklärungen verhindern will (s. u. A. 6—7 II; KG. 14. 12. 05 KGJ. 31 A 30f. und OLG. 12, 337f.; LG. Düsseldorf 4. 7. 10., 6. T. c. 341. 10., ungedruckt; Crisolli-Schultz 19; a.M. AppG. Kiel 1875 ohne näheres Datum AppGJ. 34, 34; KG. Straffenat 17. 4. 93 KGJ. 14, 371; Dernburg 171). Anderseits bewirkt die Aus-(Über)trittserklärung des Vaters oder des sonst Erziehungsberechtigten (s. u.) für seine Person nicht auch zugleich den

Aus(Über)tritt des Kindes, es bedarf vielmehr einer besonderen Erklärung für dieses (KG. 30. 12. 07 KGJ. 35 A 53; vgl. auch KG. 14. 12. 05 KGJ. 31 A 30f.; a.M. Hinschius S. 171; L. 4, 186; R. 26; Friedberg 289; Schmidt 130f.; Kollenscher 110). Die Erklärungsbefugnis ist nicht Ausfluß der gesetzlichen Vertretung (a.M. Horn 432, womit aber die von ihm anerkannte Weitergeltung des preuß. Rechts im Widerspruche steht, s. u.), sondern des religiösen Erziehungs- und Bestimmungsrechtes (KG. 14. 12. 05 KGJ. 31 A 30f. u. OLG. 12, 337f.), welches seinerseits wiederum einen Bestandteil der allgemeinen Erziehungsgewalt bildet (vgl. KG. 17. 3. 90 KGJ. 10, 76; OLG. Frankfurt a. M. 20. 1. 94 KGJ. 15, 372f.; Schmidt 127), wobei es weder materiell noch formell einen Unterschied macht, ob es sich um einen bloßen Austritt oder um einen Übertritt zu einer anderen Religionsgemeinschaft handelt (KG. 14. 12. 05 KGJ. 31 A 35). Die Erklärung ist daher von dem Erziehungsberechtigten nicht im Namen des Kindes („Das Kind, vertreten durch .... erklärt seinen Austritt"), sondern im eigenen Namen („Ich erkläre den Austritt meines Kindes") abzugeben. Es kommen somit die gemäß EG.BGB. Art. 134 unberührt bleibenden landesgesetzlichen Vorschriften über die religiöse Erziehung der Kinder zur Anwendung. Es gilt daher, — zu A unter Zugrundelegung der jetzigen die äußerst streitige und auch vom KG. nicht stets einheitlich beantwortete Frage der religiösen Kindererziehung betr. Judikatur des KG., — folgendes:

A. Für das Gebiet des ALR. sowie (infolge Miteinführung der mit der KabO. 17. 8. 1825, s. u., in organischem und untrennbarem Zusammenhange stehenden §§ 77—84 II 2 ALR. durch die KabO.) im nicht-landrechtlichen Teile der Rheinprovinz (KG. 1. 7. 01 KGJ. 22 A 225f.; 7. 11. 01 KGJ. 23 A 26f.; 26. 10. 03 KGJ. 27 A 19f. u. OLG. 10, 4f.; 26. 9. 07 OLG. 16, 229; a.M. Güttler 85f.) und in den Bezirken Kaulsdorf und Meisenheim (s. o. I) gelten die durch Pr.AG.BGB. Art. 89 Nr. 1c Abs. 2 ausdrücklich aufrecht erhaltenen §§ 77, 78, 81—84 II 2 ALR. nebst der Dekl. 21. 11. 1803, ausgedehnt durch KabO. 17. 8. 1825 auf Rheinland und Westfalen, bz. der ehelichen Kinder, und zwar sowohl aus ungemischten (konfessionell-einheitlichen; KG. 1. 7. 01 KGJ. 22 A 225f.; 14. 4. 02 KGJ. 24 A 30; 16. 5. 04 KGJ. 28 A 14f.; 14. 6. 06 KGJ. 33 A 81f.; 24. 9. 09 KGJ. 38 A 96; a.M. Güttler 81f.) wie aus konfessionell-gemischten Ehen (zwischen Christen verschiedener Konfessionen; bzw. religiös-gemischter Ehen — zwischen Christen und Nichtchristen, insbes. Juden — s. u.), § 642 II 2 ALR. bz. der unehelichen Kinder (bz. dieser mit Ausnahme des nicht landrechtlichen Teiles der Rheinprovinz, s. u.). Die Vorschriften des BGB. über die einen Bestandteil der Sorge für die Person (vgl. § 1631 Abs. 1 BGB.) bildende Erziehungsgewalt bleiben daher völlig außer Anwendung (a.M. Güttler 83f.).

1. Eheliche Kinder: Die Erklärungsbefugnis steht zu:

a) Während bestehender Ehe:

α) rgm. dem Vater, und zwar auch gegen den Willen der Mutter, und auch zwecks Übertritts zu einer Konfession, welcher weder er noch die Mutter angehört (KG. 16. 5. 04 KGJ. 28 A 12f. u. 14. 6. 06 KGJ. 33 A 81f.; vgl. auch KG. 25. 5. 03 OLG. 7, 116 A. 1). Denn wenn auch die das prinzipielle (sowohl allgemeine wie religiöse) Erziehungsgewalt des Vaters aussprechenden §§ 74, 75 II 2 ALR. infolge Nichterwähnung durch Pr.AG.BGB. Art. 89 Nr. 1c Abs. 2 aufgehoben sind, was KG. 16. 5. 04 KGJ. 28 A 15 u. OLG. 10, 6; 14. 6. 06 KGJ. 33 A 83, sowie Herrmann 6, 8 u. Horn 432 übersehen, so ergibt sich das doch aus der — aus der Bestimmung des § 82 a.a.O., wonach der Vater einseitig, und zwar mit Wirkung über seinen Tod hinaus, den religiösen Unterricht des Kindes bestimmen kann, erkennbaren — ratio legis. Dieses gilt um so mehr, als die Bestimmung der Dekl. 21. 11. 1803, wonach eine

Abweichung von der Erziehung der Kinder in der Religion des Vaters (nur) im Falle der Einigung der Eltern zulässig sei, keine ausschließliche und zwingende ist, da sie nicht sowohl das Bestimmungsrecht des Vaters als vielmehr, namentlich für die Zeit nach dessen Tode, dasjenige der Mutter und des Vormundes bz. der rel. Erziehung der Kinder einschränken soll und daher hauptsächlich im Interesse der letzteren erlassen ist, um einen wiederholten Religionswechsel derselben zu vermeiden (KG. 16. 5. 04 KGJ. 28 A 14, 15 u. OLG. 10, 6f.; 14. 6. 06 KGJ. 33 A 83; 19. 2. 09 KGJ. 37 A 89; vgl. auch 23. 2. 85 KGJ. 5, 71); das Bestimmungsrecht des Vaters ruht während der Dauer seiner Entmündigung (vgl. KG. 6. 1. 11 Recht 1911, 202);

β) ausnahmsweise der Mutter: falls der Vater an der Ausübung der Erziehungsgewalt tatsächlich (z. B. durch dauernde Abwesenheit) oder rechtlich (z. B. durch Geschäftsunfähigkeit) verhindert ist und sie gemäß § 78 II 2 ALR. sein Einverständnis vor oder, soweit zu erlangen und rechtswirksam, nach Eintritt der Behinderung nachweist (analoge Anwendung der vom KG. 6. 10. 90 KGJ. 10, 77f. für unbekannte Abwesenheit nach Scheidung und 19. 12. 09 KGJ. 37 A 84f. für Geisteskrankheit im Falle des § 82 a.a.O., s. u. b β, entwickelten Rechtsgrundsätze). Andernfalls ist eine Abweichung von der Konfession des Vaters unzulässig; dies gilt auch für den Fall, daß der Vater die elterliche Gewalt verwirkt hat oder daß ihm die Personensorge nicht zusteht (KG. 3. 12. 09 KGJ. 39 A 15f. u. OLG. 21, 253). Die Einigung ist kein aus Angebot und Annahme sich zusammensetzender Vertrag i. S. des bürgerl. Rechts, sondern ein rein tatsächlicher Zustand des Einigseins der Eltern und bedarf daher auch keiner ausdrücklichen Erklärung, sondern kann sich auch aus konkludenten Handlungen ergeben, z. B. aus der Taufe des Kindes in der Religion der Mutter (bei Tod des Vaters unerheblich, s. u. b β) oder aus der Erziehung desselben in der letzteren mit ausdrücklicher oder stillschweigender Einwilligung des Vaters; sie muß nicht bloß bei dem Eintritte des Kindes in das schulpflichtige Alter, sondern fortdauernd vorhanden sein (bzw. gewesen sein); ihr Vorhandensein ist Tatfrage (KG. 6. 10. 90 KGJ. 10, 77 f.; 12. 3. 08 OLG. 17, 283; 4. 6. 08 KGJ. 36 A 53 f. u. OLG. 17, 287). Eine, insbes. durch Vertrag, eingegangene Verpflichtung des Vaters ist unwirksam (§ 77 II 2 ALR.), so daß er hieran nicht gebunden ist (KG. 13. 10. 02 OLG. 7, 117).

b) Nach Auflösung der Ehe durch den Tod:

α) der Mutter: dem Vater wie oben zu a α, da sein Bestimmungsrecht auch nach dem Tode der Mutter in Kraft bleibt (KG. 25. 5. 03 OLG. 7, 116 A. 1; 16. 5. 04 KGJ. 28 A 12 f. u. OLG. 10, 7).

β) des Vaters: der Mutter: falls der Vater während des ganzen letzten Jahres vor seinem Tode das Kind in einem von dem seinigen (des Vaters) abweichenden Glaubensbekenntnisse, auch wenn dieses (trotz § 82 a.a.O.) nicht dasjenige der Mutter ist (KG. 15. 5. 04 KGJ. 28 A 15 u. 14. 6. 06 KGJ. 33 A 81 f.), hat unterrichten lassen, das Kind somit in erziehlicher Hinsicht bereits aus der angestammten Konfession ausgeschieden ist, und zwar gleichgiltig, ob es sich um einen Sohn oder eine Tochter handelt, da der § 82 a.a.O. infolge Aufhebung des ihm zu Grunde liegenden, die Erziehung der Söhne in der Konfession des Vaters, der Töchter in derjenigen der Mutter anordnenden § 76 a.a.O. durch die die Erziehung aller Kinder in der Konfession des Vaters vorschreibende Dekl. 21. 11. 1803 (vgl. über diese auch Schloßstein i. Recht 1911, 30 f.) nunmehr in diesem Sinne aufzufassen ist (KG. 19. 12. 09 KGJ. 37 A 87 f.; vgl. auch 23. 2. 85 KGJ. 5, 71). Über den Begriff des rel. Unterrichts vgl. KG. 16. 2. 03 KGJ. 25 A 198 f. u. OLG. 6, 290 f.; 22. 6. 03 OLG. 7, 422 f.; 29. 4. 10 OLG. 21, 251). Bz. Feststellung der Religion des Vaters genügt ein etwaiger durch Erklärung vor dem Geistlichen erfolgter Übertritt desselben, es bedarf hierzu nicht der Beobachtung der durch KAG. vorgeschriebenen Form (KG. 14. 4. 02 KGJ. 24 A 29 f.; vgl. dagegen KG. Straffenat 30. 11. 91 KGJ. 12, 257). Eine erst in der letzten Krankheit (über den Begriff vgl. KG. 7. 1. 01 KGJ. 21 A 45 f. u. OLG. 2, 173 f.; 19. 2. 09 KGJ. 37 A 84 f.) erfolgte Religionsänderung des Vaters bleibt bei Feststellung der Religion desselben außer Betracht (§ 81 II 2 ALR.). In anderer Weise getroffene ausdrückliche oder stillschweigende Anordnungen des Vaters sind nach seinem Tode unwirksam (KG. 24. 11. 84 KGJ. 5, 65 f.; 14. 6. 89 KGJ. 9, 44 f.; 6. 10. 90 KGJ. 10, 79; 1. 10. 00 KGJ. 20 A 246; 3. 12. 00 KGJ. 21 A 41; 16. 2. 03 KGJ. 25 A 199; 25. 5. 03 OLG. 7, 118; 14. 6. 06 KGJ. 33 A 81 f.; 1. 10. 08 OLG. 18, 281; 19. 2. 09 KGJ. 37 A 87 u. OLG. 21, 250; 24. 9 09 KGJ. 38 A 96; 29. 4. 10 OLG. 21, 250 f.; dagegen: Geißeler DJZ. 1910, 234 f. u. dort Cit.), insbes. begründet die Taufe des Kindes in einer von dem Religionsbekenntnisse des Vaters abweichenden Konfession trotz Zustimmung des letzteren nicht die Zugehörigkeit zu dieser (KG. 6. 10. 90 KGJ. 10, 79; 1. 10. 00 KGJ. 20 A 245 f. u. OLG. 1, 478 f.; 3. 12. 00 KGJ. 21 A 41 u. OLG. 2, 111 f.; 7. 1. 01 KGJ. 21 A 47; 13. 10. 02 OLG. 7, 118; 16. 2. 03 KGJ. 25 A 199 u. OLG. 6, 290; 25. 5. 03 OLG. 7, 118; 8. 3. 06 KGJ. 32 A 65; 4. 6. 08 KGJ. 36 A 54 u. OLG. 17, 287; 19. 2. 09 KGJ. 37 A 87 u. OLG. 21, 250; 3. 12. 09 KGJ. 39 A 17 u. OLG. 21, 253; 29. 4. 10 OLG. 21, 250 f.; a.M. Dernburg 172), da staatlich nicht die Taufe in einer bestimmten Konfession, sondern die bürgerlichen Verhältnisse, insbes. der Erziehungswille, für die Konfessionszugehörigkeit eines Kindes maßgebend sind (Richter 1014 f.; Friedberg 286; Geiger 96 u. die dort Cit.; vgl. auch Braun 442 f. sowie PrOVG. 7. 2. 99 PrOVG. 35, 175 f.); bz. der Rechtsverhältnisse in der Ehe eines altkathol. Vaters und einer evangel. Mutter vgl. KG. 3. 12. 00 KGJ. 21 A 37 f. u. OLG. 2, 111 f. Bz. religiös-gemischter Ehen (zwischen Christen und Nichtchristen, insbes. Juden) gilt letzteres jedoch nicht, da solche Ehen nach der damaligen Gesetzgebung verboten waren und daher nicht unter den damaligen Begriff „gemischte Ehen“ fallen, die Vorschriften des ALR. und der Dekl.

somit auf diese nicht schlechthin, sondern nur sinngemäß anzuwenden sind und hiernach mit Rücksicht auf die aus der Zulassung der Taufe erkennbare besondere Willensrichtung des nichtchristl. Vaters und den character indelebilis der Taufe derartige Kinder nach dem Tode des Vaters in der christlichen Religion zu erziehen sind (KG. 8. 3. 06 KGJ. 32 A 58f.). Ebenso wird eine Einigung der Eltern (s. o. a β) mit dem Tode des Vaters unwirksam (KG. 24. 11. 84 KGJ. 5, 65f.; 5. 4. 86 KGJ. 6, 53f.; 14. 6. 89 KGJ. 9, 44f.; 1. 10. 00 KGJ. 20 A 246 u. OLG. 1, 479; 3. 12. 00 KGJ. 21 A 40f.; 7. 1. 01 KGJ. 21 A 47; 12. 3. 08 OLG. 17, 283; 19. 2. 09 KGJ. 37 A 87 u. OLG. 21, 250; 29. 4. 10 OLG. 21, 250f.). Stirbt der Vater daher, bevor das Kind das schulpflichtige Alter erreicht hat, so ist ein Abgehen von der Konfession des Vaters unzulässig (KGJ. 24. 11. 84 KGJ. 5, 65f.; 6. 10. 90 KGJ. 10, 97f.; 13. 5. 01 OLG. 3, 111f.; 13. 10. 02 OLG. 7, 117; 25. 5. 03 OLG. 7, 118); dies gilt um so mehr, wenn der Vater bereits vor der Geburt des Kindes gestorben ist (KG. 4. 9. 00 OLG. 1, 327). Der Unterricht eines Kindes in einer abweichenden Konfession zu Lebzeiten des Vaters ist für die anderen Kinder unbeachtlich (KG. 21. 5. 83 KGJ. 4, 78f.; 6. 10. 90 KGJ. 10, 79; 16. 2. 03 KGJ. 25 A 199; 14. 6. 06 KGJ. 33 A 84; 12. 3. 08 OLG. 17, 284; vgl. auch 14. 6. 89 KGJ. 9, 44f.; 19. 2. 09 KGJ. 37 A 87 u. OLG. 21, 250). Der Konfessionswechsel der Mutter ist unerheblich (KG. 1. 7. 01 OLG. 3, 425f.). Ebenso ist es unbeachtlich, wenn das Kind vor vollendetem 14. Lebensjahr zur kathol. Kommunion zugelassen worden ist oder vor diesem Zeitpunkte anderweitig seinen Willen äußert, einer bestimmten Konfession beizutreten, da es nicht religionsmündig ist (KG. 1. 10. 08 OLG. 18, 281). Die Konfession des Stiefvaters ist bedeutungslos (Krueckemeyer 115, 139). Mangels eines einjährigen ununterbrochenen mit Zustimmung des Vaters erfolgten Unterrichtes des Kindes bis zum Tode des Vaters in einer von dem Glaubensbekenntnisse desselben abweichenden Konfession ist daher nach dem Tode des Vaters die Mutter in keinem Falle berechtigt, eine gerichtliche Aus- oder Übertrittserklärung für das Kind abzugeben; insbes. ist sie dazu nicht auf Grund der ihr nach BGB. (§ 1684 Abs. 1 Nr. 1 i.V.m. §§ 1627, 1631 Abs. 1) nach dem Tode des Vaters an sich zustehenden ausschließlichen Erziehungsgewalt befugt (s. o.). „Die ... Dekl., welche die Erziehung in der Religion des Vaters gebietet, würde alle Bedeutung verlieren, wenn aus den Vorschriften des BGB. gefolgert würde, daß es der Willkür der Mutter überlassen bleibe, ob sie das gesetzliche Gebot befolgen oder sich darüber hinwegsetzen wolle" (KG. 9. 7. 00 KGJ. 20 A 143; vgl. auch 3. 12. 00 KGJ. 21 A 37f.; 21. 12. 03 OLG. 8, 356f.; 26. 11. 08 KGJ. 37 A 81). Gehört das Kind hiernach äußerlich einer Konfession an, der es nach den vorstehenden gesetzlichen Zwangsnormen nicht angehören darf, so bedarf es keines gerichtlichen Austritts aus dieser Konfession, da es eben ipso iure der anderweitigen Konfession angehört und es nicht die Absicht des Gesetzes sein kann, „daß man auf den guten Willen der Beteiligten warten müsse, bis sie die für den Austritt vorgeschriebenen Förmlichkeiten durchgeführt haben" (Neumeyer 464);

γ) nach dem Tode beider Eltern: dem Vormunde, falls die Voraussetzungen zu β vorliegen, andernfalls eine Aus- oder Übertrittserklärung auch hier unzulässig ist.

c) Nach Auflösung der Ehe durch Scheidung: es gilt dasselbe wie oben zu a (nicht zu b), da das Elternverhältnis als solches durch die Scheidung nicht berührt wird, die Vorschriften zu b daher auch nicht etwa analog zur Anwendung zu bringen sind, ALR. II 2 §§ 76f. vielmehr keinen Unterschied zwischen bestehenden und geschiedenen Ehen macht, sondern danach unterscheidet, ob die Eltern noch leben (§§ 76—79) oder die Ehe durch den Tod getrennt ist (§§ 80—82), alle nicht durch den Tod getrennten Ehen somit den Vorschriften der §§ 76—79 a.a.O. unterstehen, gleichgiltig, ob die Ehe noch besteht oder nicht (KG. 6. 10. 90 KGJ. 10, 77f., 80f.; 4. 6. 08 KGJ. 36 A 48f. u. OLG. 17, 284f.); dies gilt auch für den Fall, daß dem Vater gemäß § 1635 BGB. die Personensorge für eine Tochter nicht zusteht (KG. 3. 12. 09 OLG. 21, 253). Dieses ist um so mehr der Fall, als auch die älteren Bestimmungen des preuß. Rechtes, aus denen diejenigen des ALR. hervorgegangen sind, keinen Unterschied zwischen geschiedenen und ungeschiedenen Ehen machen (vgl. eingehend KG. 08 a.a.O. 50f. bzw. 285) und als insbes. den Anlaß zur Dekl. 1803 gerade die rel. Erziehung der Kinder aus einer geschiedenen Ehe bildete (vgl. KG. a.a.O. 52f. bezw. 286f.). Insbes. ist daher auch eine Einigung der Eltern (s. o. a β) nach erfolgter Scheidung wirksam (KG. 6. 10. 90 u. 4. 6. 08 a. a. O. gegen KG. 9. 3. 03 KGJ. 26 A 25f.), auch wenn der Vater durch die Scheidung oder den Scheidungsgrund die väterl. Gewalt und das Erziehungsrecht verloren hat und in unbekannter Abwesenheit lebt (KG. 6. 10. 90 a.a.O.). Zwecks Feststellung der Einigung können auch Umstände berücksichtigt werden, die vor der Scheidung lagen (KG. 4. 6. 08 a.a.O.; s. o. b β).

Zu a bis c. Adoptivkinder folgen ipso iure (Vorbehalt unzulässig) der Konfession des Adoptivparens (KG. 30. 9. 01 KGJ. 22 A 233f. u. OLG. 3, 372f.; 11. 6. 09 KGJ. 38 A 91f.), bz. eines vorher andersgläubigen Kindes ist eine Aus(Über)trittserklärung daher weder erforderlich noch zulässig. Ein nach vollzogener Adoption erfolgender anderweitiger Aus(Über)tritt ist, da das Wahlkind durch die Adoption die Stellung eines leiblichen Kindes erlangt (KG. 11. 6. 09 KGJ. 38 A 93) durch den Adoptivparens zu erklären. Ebenso finden auf legitimierte Kinder die Vorschriften über die rel. Erziehung ehel. Kinder Anwendung (Krueckemeyer 139). — Das Institut der Pflegkindschaft (ALR. II 2 §§ 753f.) und damit das rel. Bestimmungsrecht der Pflegeeltern (vgl. § 753 a. a. O.) ist durch das BGB. aufgehoben (KGJ. 16. 5. 04 KGJ. 28 A 12f. und OLG. 10, 6f.).

2. Uneheliche Kinder: Diese folgen (jedoch nicht im nicht-landrechtlichen Teile der Rheinprovinz, s. u.) mit Rechtsnotwendigkeit (vgl. KG. 26. 11. 88 KGJ. 8, 50f.) der Konfession der Mutter (§ 642 II 2 ALR.), u. zw. der jeweiligen Konfession der letzteren, so daß sie einem Konfessionswechsel bzw. der eintretenden Konfessionslosigkeit derselben ipso iure folgen (17. 3. 90 KGJ. 10, 71f.; 3. 6. 01 KGJ. 22 A 230f. u. OLG. 3, 373f.; 16. 6. 02 KGJ. 25 A 24; gegen KG. 5. 3. 83 KGJ. 4, 79f.). Die einzige hiervon durch § 643 a.a.O. vorgesehene Ausnahme, wonach, wenn der Vater christl., die Mutter nichtchristl. ist, das Kind in der christl. Religion zu erziehen ist, ist durch G. 14. 3. 71 (GS. 157) aufgehoben (bz. ehel. Kinder eines nichtchristl. Vaters und einer christl. Mutter s. o. 1 b β). Eine Aus- (Über)trittserklärung für ein uneheliches Kind ist daher bei Aus- (Über-) tritt der Mutter nicht erforderlich und (als überflüssig) nicht zulässig, ohne eine solche aber (als gegen zwingende Rechtsnormen verstoßend) gleichfalls unzulässig: will die Mutter einen Konfessionswechsel (bzw. die Konfessionslosigkeit) des Kindes herbeiführen, so muß sie für ihre Person den Aus- (Über)tritt erklären (zustimmend: Herrmann 21). Ein entgegenstehender Wille der Mutter oder eine anderweitige Einigung zwischen dieser und dem Vormund sind wirkungslos; BGB. kommt nicht zur Anwendung (KG. 16. 6. 02 KGJ. 25 A 21f.). Nach dem Tode der Mutter ist mit dem Wegfalle der Möglichkeit einer Religionsänderung derselben eine solche des Kindes überhaupt ausgeschlossen. Die Aus- (Über)trittserklärung für ein religionsunmündiges uneheliches Kind ist demnach in jedem Falle rechtlich unmöglich und unwirksam und daher als unzulässig vom Richter zurückzuweisen. — Im nichtlandrechtl. Teile der Rheinprovinz (s.o.) gilt § 642 II 2 ALR. nicht, das konfessionelle Bestimmungsrecht für das Kind

steht vielmehr der unehelichen Mutter als Trägerin des Personensorgerechtes zu (KG. 26. 7. 04 OLG. 10, 3f.; für das Gebiet des französischen Rechts auch KG. 28. 1. 11 i. Recht 1911, 234) und geht, falls dieses Recht ruht oder die Mutter verstorben ist, auf den Vormund über; die Zweckmäßigkeit seiner Maßnahmen entzieht sich der Nachprüfung durch das Vormundschaftsgericht (KG. 04 a.a.O.). — Bz. Adoption und Legitimation unehel. Kinder: s. o. 1 a. E.

Zu 1 bis 2. Durch die vorstehenden Ausführungen werden, da KAG. lediglich die „bürgerlichen" Wirkungen des Kirchenaus(über)tritts regelt, s. o. A. 3), nur diese betroffen; alle anderen Beziehungen, vor allem die staatskirchenrechtlichen Vorschriften über den konfessionellen Schulunterricht, insbes. der s.g. „Dissidentenkinder", werden dadurch nicht berührt (vgl. KG. 24. 9. 09 KGJ. 38 A 94f.; vgl. auch KG. Strafsenat 17. 4. 93 KGJ. 14, 368f.; KG. 1. 7. 10 OLG. 21, 251f. u. die dort cit. Entscheidungen; sowie auch KG. 12. 11. 09 KGJ. 39 A 21f. für Hannover und Gemeines Recht; KG. Strafsenat 29. 11. 09 KGJ. 39 C 65f. für Nassau), zumal das Preuß. Staatskirchenrecht eine religionslose Erziehung überhaupt nicht kennt (KG. 24. 9. 09 a.a.O. 98), diese auch mit VU. Art. 21 im Widerspruche stehen würde (KG. 4. 10. 06 OLG. 16, 227f.).

B. Für die anderen Landesteile gelten folgende, infolge Nichtaufhebung durch Pr.AG.BGB. Art. 89 aufrecht erhaltene Vorschriften: Hannover: V. 31. 7. 1826 §§ 1f.; vgl. dazu: KG. Strafsenat 26. 1. 84 u. 29. 1. 85 KGJ. 5, 386f. bzw. 307f.; OLG. Celle 25. 6. 89 KGJ. 13, 410f.; vgl. auch KG. 12. 11. 09 KGJ. 39 A 21f. — Kurhessen: G. 29. 10. 1848 § 3 u. V. 13. 4. 1853 § 4; vgl. dazu OLG. Cassel 12. 1. 91 KGJ. 11, 355f. — Nassau: Edikt 22./26. 3. 1808 i.V.m. Erlaß 7. 12. 1848; vgl. dazu OLG. Frankfurt a. M. 16. 5. 92 KGJ. 13, 413f.; 18. 10. 94 KGJ. 14, 434f.; 22. 10. 04 KGJ. 28 A 298f.; vgl. auch KG. Strafsenat 29. 11. 09 KGJ. 39 C 65f. — Frankfurt a. M.: V. 5. 9. 1811 Art. 2f. u. G. 30. 12. 1819; vgl. dazu OLG. Frankfurt a. M. 13. 8. 06

KGJ. 32 A 293f. — Ehemals bayerische Ämter Weyhers, Hilders u. Orb: Edikt 26. 5. 1818 (s.g. „Religionsedikt"). — Schleswig: V. 23. 4. 1864. — Holstein: G. 14. 7. 1863; vgl. dazu OLG. Kiel 9. 6. 04 OLG. 10, 2f.; KG. 14. 12. 05 KGJ. 31 A 31, 35. — Bz. Hohenzollern (Gemeines Recht) vgl. OLG. Frankfurt a. M. 20. 1. 94 KGJ. 15, 372f. — Abdruck der Gesetzestexte: Schmidt, Teil 2: Quellensammlung; Geiger 246 f.; Güttler 87 f. Näheres: Schmidt 125 f. u. Güttler a.a.O.; Literatur: Geiger a.a.O.

Zu A bis B: Von der Anmeldung (ev. auch der definitiven Erklärung) eines Aus(Über)trittes für ein religionsunmündiges Kind ist zweckmäßigerweise rgm. dem Vormundschaftsgericht Nachricht zu geben, da hierin ein Mißbrauch der Sorge für die Person des Kindes liegen kann — u zw. auch seitens des Vaters (KG. 16. 5. 04 OLG. 10, 7), — durch welchen das geistige Wohl des Kindes gefährdet wird, das Vorm.Ger. daher gemäß § 1666 Abs. 1 BGB. in der Lage ist, durch geeignete Maßnahmen (ev. durch Entziehung der Erziehungsgewalt) dem Mißbrauche entgegenzutreten. Diese Nachricht wird zweckmäßigerweise auch von abgelehnten Anträgen zu geben sein, wenn die Annahme eines versuchten Mißbrauches vorliegt oder wenn die Ablehnung wegen Verstoßes gegen vorstehend als zwingend dargestellte Rechtsnormen der rel. Kindererziehung erfolgt und somit eine denselben zuwiderlaufende Erziehung des Kindes zu besorgen ist, da auch in letzterem Falle (auch bei Nichtvorliegen der Voraussetzungen des § 1666 BGB.) das Vorm.Ger. zum Einschreiten befugt ist (vgl. KG. 12. 3. 00 KGJ. 20 A 19f. u. OLG. 1, 282f.; 9. 7. u. 8. 10. 00 KGJ. 20 A 139f. bzw. 248f.; 3. 12. 00 KGJ. 21 A 40 u. OLG. 2, 111f.; 21. 12. 03 OLG. 8, 357; 29. 1. 07 KGJ. 33 A 14f.,; 1. 10. 08 OLG. 18, 280f.; 26. 11. 08 KGJ. 37 A 78f.; 3. 12. 09 KGJ. 39 A 15f. u. OLG. 21, 253), zumal § 28 Pr.VO. trotz Aufhebung der letzteren durch EG.BGB. Art. 55 u. Pr.AG.BGB. Art. 89 Nr. 30 insoweit fortgilt, als er Bestandteil der landesgesetzlichen Vorschriften über die rel. Kindererziehung geworden ist. (KG. i. d. letzten Entsch. 20 bzw. 255.)

c) Religion. KAG. erstreckt sich nur auf Kirchen und mit Korporationsrechten ausgestattete Rel.-Gemeinsch. (s. o. A. 1). Nur Mitglieder dieser beiden Gruppen rel. Gemeinschaften können daher ihren Aus(Über)tritt (s. auch u. A. 1 zu § 8) nach Maßgabe des KAG. erklären. Bz. der Angehörigen anderer (nicht mit Korporationsrechten ausgestatteter) rel. Gemeinschaften ist die gerichtliche Erklärung weder zulässig noch erforderlich, dieselben unterstehen vielmehr den Vorschriften des allgemeinen bürgerl. Rechts. Zu beachten ist, daß für die bürgerl. Zugehörigkeit zur K. weder die Taufe noch in der evangel. K. weiterhin die Konfirmation erforderlich ist (KG. 30. 12. 07 KGJ. 35 A 53; ferner Rietschel ZKirchR. 39, 253f., bes. 277f., 291 u. 40, 279f.; dagegen: Eibach das. 40, 75f. u. Friedberg 40, 92 u. dort Lit.), daß vielmehr rgm. die Konfessionsangehörigkeit des Vaters z. Z. der Geburt des Kindes für die Konfession des letzteren maßgebend ist (s. o. b), so daß ein nicht getauftes Kind eines z. Z. der Geburt desselben evangel. (kathol.) Vaters der evangel. (kathol.) K. angehört und sein Austritt aus dieser daher zulässig und zwecks Befreiung von den kirchl. Lasten erforderlich ist. Hat der Vater eines nicht getauften Kindes z. Z. der Geburt desselben der K. nicht (oder nicht mehr) angehört, so ist das Kind in die letztere nicht eingetreten; ein Austritt ist daher weder zulässig noch erforderlich. Die innerkirchliche Seite, d. h. das Recht auf die Teilnahme am kirchlichen Leben, bes. auf Gewährung der Sakramente, bleibt davon unberührt (vgl. z. B. evangel. KirchG. betr. die Verletzung kirchl. Pflichten in Bezug auf Taufe, Konfirmation und Trauung v. 30. 7. 80, k.G.u.VBl. 116, § 13; dazu Instruktion 23. 8. 80, a.a.O. 119, Nr. 22).

d) Geschlecht: Das Geschlecht ist bz. der Erklärungsbefugnis bedeutungslos. Dieses gilt insbes. bz. der Ehefrau, da deren Geschäftsfähigkeit durch die Ehe nicht beschränkt wird (Planck BGB.[3] 4, 92). Daraus folgt:

1. Die Ehefrau ist selbständig aus(über)trittsberechtigt und bedarf daher zu ihrer Erklärung nicht der Zustimmung des Ehemannes.

2. Der Ehemann ist zur Abgabe einer Aus(Über)trittserklärung für die Frau nicht befugt. Zur Stellung des Antrages auf Entgegennahme der Erklärung (§ 2 Abs. 1 Satz 1 KAG.) ist er nur auf Grund einer (rgm. öffentlich zu beglaubigenden, s. u. A. 2 zu § 2) Vollmacht der Frau befugt (AppG. Kiel 1875 ohne näheres Datum AppGZ. 4, 34; Schmidt 159); eine Anmeldung: „N. N. nebst Frau" ist daher z. B. für letztere unwirksam.

3. Der Aus(Über)tritt des Ehemannes ist auf die Konfessionsangehörigkeit der Frau ohne Einfluß, diese folgt daher nicht dem Konfessionswechsel bzw. der Konfessionslosigkeit des Mannes.

e) Staatsangehörigkeit. Für das Kirchenaustrittsverfahren gilt uneingeschränkt das Territorialitäts-, nicht das Personalitätsprinzip.

α) Die kirchl. Zugehörigkeit einer Person zu einer Parochie wird, insbes. bz. der Heranziehung zu den kirchl. Lasten, in Gemäßheit des Satzes „Quidquid est in parochia, etiam est de parochia" (vgl. insbes. ALR. II 11 § 260) rgm. ohne weiteres durch den Wohnsitz in der letzteren (vgl. den übereinstimmenden § 2 der Kirchensteuergesetze für die evang. LandesK. der ält. Provinzen, f. d. ev.-luth. K. d. Prov. Hannover, f. d. ev.-luth. K. d. Prov. Schleswig-Holstein, f. d. ev.-ref. K. d. Prov. Hannover, f. d. evangel. Gemeinden i. Bez. d. Kons. zu Cassel, f. d. evangel. Gemeinden i. Bez. d. Kons. zu Wiesbaden, f. d. ev. Kirchengemeinschaften des Konsistorialbezirkes Frankfurt a. M. vom 10. 3. 06 u. d. kath. Kirchensteuergesetzes vom 14. 7. 05; sämtlich abgedruckt bei Crisolli-Schultz an den einschlägigen Stellen; vgl. ferner Pr.OVG. 19. 4. 10 DIZ. 1911, 97; s. auch u. A. 6 zu § 2), ohne Rücksicht auf die Reichs- oder Staatsangehörigkeit der betr. Personen begründet (so ausdrücklich die übereinstimmenden

Ausführungsanweisungen zu den vorbezeichneten evangel. Kirchensteuergesetzen v. 31. 3. 06 u. dem kathol. Kirchensteuergesetz v. 24. 3. 06 sub III A, abgedruckt wie oben; vgl. ferner Pr.OVG. 15. 5. 08 Pr.OVG. 52, 244 f. u. Braun 425, 430).

β) Als Korrelat zu diesem territorialen Parochialzwange ist daher auch allen Parochianen ohne Rücksicht auf ihre Reichs- oder Staatsangehörigkeit die rechtl. Möglichkeit zu gewähren, ihre Zugehörigkeit zur K. mit bürgerl. (vermögensrechtl. s. o. A. 3) Wirkung zu lösen. Die Austrittsbefugnis steht demnach in gleicher Weise preuß. Staatsangehörigen, nichtpreuß. Reichsangehörigen (zustimmend: LG. I Berlin 4. 2. 93 ArchÖffR. 8, 605 f. unter Berufung auf das allen Reichsangehörigen durch RV. Art. 3 eingeräumte Indigenat; Neumeyer 390 f.; Braun 425 f.; Geiger 127 f.; Güttler 57; Horn 433 f.), Ausländern (Nichtdeutschen; zustimmend LG. I Berlin 6. 5. 10, 19. T. 10. 10., ungedruckt; Neumeyer 394 f.; Braun 430; Geiger, Güttler, Horn a.a.O.) sowie Staatenlosen (Personen, welche keinem Staate angehören oder deren Staatsangehörigkeit sich nicht feststellen läßt) zu. Ob bei einem Ausländer die Aus(Über)trittserklärung auch den (staatl. oder kirchl.) Heimatsbehörden desselben gegenüber, insbes. bei seiner ev. Rückkehr, rechtswirksam ist, unterliegt nicht der Prüfung des Gerichts; zweckmäßigerweise wird der Richter ihn aber auf diesen Umstand hinweisen (zustimmend Horn 434).

6. in Person. 7. vor dem Richter.

I. Form. Die Erklärung muß in Person und vor dem Richter abgegeben werden. Sie hat daher unmittelbar a persona (des Austretenden) ad personam (des Richters) ohne Hindurchleitung durch ein persönliches (s. u. a) oder sachliches (s. u. b) Medium zu erfolgen.

a) Die Erklärung muß von dem Austretenden selbst abgegeben werden. Eine Vertretung im Willen oder in der Willenserklärung durch eine andere Person in irgendeiner Form (Auftrag, Geschäftsführung ohne Auftrag, General- oder Spezialvollmacht usw.) ist unzulässig, die — vorherige (Einwilligung, vgl. § 183 BGB.) oder nachträgliche (Genehmigung, vgl. § 184 BGB.) — Zustimmung zu einer durch eine andere Person abgegebenen Austrittserklärung wirkungslos.

b) Die Erklärung muß vor dem Richter mündlich (zu Protokoll desselben: § 2 Abs. 2 Satz 1) abgegeben werden. Eine schriftliche, telegraphische oder sonstwie in graphischer Weise erfolgte Erklärung ist somit unwirksam und kann, falls die Frist des § 2 Abs. 2 Satz 1 inzwischen abgelaufen ist, durch persönliche Erklärung nicht mehr nachgeholt werden.

Ein Entbinden vom persönlichen Erscheinen ist unzulässig (Abhilfe: Lokaltermin, s. u. III).

II. Zweck: „Das Gesetz will . . . verhindern, daß schriftliche Erklärungen eingereicht werden oder gewillkürte Vertreter auf Grund schriftlicher Vollmachten für andere Personen den Austritt erklären können; es hatte das um deswillen seinen guten Grund, weil sonst das Gesetz leicht durch außergerichtliche Sammlung von Unterschriften unter formularmäßigen Erklärungen und Vollmachten zu einer unzulässigen Herbeiführung von unüberlegten Massenaustritten aus der Kirche hätte mißbraucht werden können" (KG. 14. 12. 05 KGJ. 31 A 34f.)

III. Lokaltermin. Ist der Erklärende (z. B. durch Krankheit) am Erscheinen an Gerichtsstelle verhindert, so hat der Richter (wie bei Testamenten) auf Antrag die Erklärung des Antragstellers in der Wohnung desselben (im Krankenhause usw.) entgegenzunehmen (zustimmend Hinschius S. 172; L. 4, 186; R. 26; Schmidt 158; Horn 432); geeignetenfalls ist Glaubhaftmachung des Hinderungsgrundes (z. B. durch ärztliches Attest) zu erfordern. Bei Schwerkranken usw. hat der Richter sich — ev. durch Fragen — von dem Vorhandensein der allgemeinen Geschäftsfähigkeit und der augenblicklichen Erklärungsfähigkeit (BGB. §§ 104, 105; s. o. A. 5) des Antragstellers zu überzeugen und zweckmäßigerweise eine entsprechende Feststellung in das Protokoll aufzunehmen; bei einem Zweifel über die Geschäfts- oder Erklärungsfähigkeit soll dieses gemäß

Art. 40 Abs. 1 Pr.FGG. geschehen; ist der Antragsteller offenbar geschäfts- oder erklärungsunfähig, so ist die Beurkundung abzulehnen (Art. 40 Abs. 2 Pr.FGG.; s. u. A. 13b δ zu § 2). In gleicher Weise ist bei Gefangenen aller Art (Straf-, Untersuchungsgefangenen; Korrigenden; ev. auch bei Fürsorgezöglingen), falls ihre Vorführung nicht angebracht erscheint, die Erklärung in der Detentionsanstalt entgegenzunehmen. In das Benachrichtigungsschreiben (s. u. A. 8b zu § 2) ist daher bei solchen Personen zweckmäßigerweise etwa folgender Zusatz aufzunehmen: „Falls Ihr persönliches Erscheinen nicht angängig sein sollte, wird Ihnen anheimgestellt, die Entgegennahme Ihrer Erklärung in der (Straf- usw.) Anstalt zu beantragen." Ev. ist die Direktion der Anstalt über die Zweckmäßigkeit der Vorführung zu befragen. Im Zweifelsfalle ist die Abhaltung des Lokaltermins der Vorführung des Detinierten zwecks Kostenersparnis und Vermeidung der Entweichung vorzuziehen. Bei Aufenthalt außerhalb des Gerichtsbezirkes ist Rechtshilfe zulässig, s. u. A. 10.

8. Richter. Die Erklärung muß vor dem Richter erfolgen.

a) Richter. Nur dieser, nicht auch der Gerichtsschreiber oder (zustimmend Mot. z. Pr.FGG. i. d. Drucks. d. AbgH. 1899 Bd. III Nr. 35 S. 29) der Notar, ist für die Entgegennahme der Erklärung zuständig.

b) Zweck: Diese Form „entspricht der Bedeutung des Akts und der Notwendigkeit, eine feste, klar erkennbare Grundlage für die sich daran knüpfenden Folgen zu gewinnen" (Mot. z. KAG. 437).

c) Referendare als Richter kraft Auftrags: Referendare, die seit mindestens 2 Jahren im Vorbereitungsdienste beschäftigt sind, können mit der Entgegennahme der Erklärung beauftragt werden (GVG. § 10; Pr.AG.GVG. § 2 Abs. 2; AVf. 9. 12. 79 JMBl. 466). Der Auftrag, ev. auch das Dienstalter, ist aktenkundig zu machen.

d) Sachliche Zuständigkeit: Sachlich zuständig (bz. der

örtl. Zuständigkeit s. u. A. 9) sind jetzt (auch für die Fälle des § 7, s. u. A. 2 zu § 7; auch für Dissidenten und Juden, s. u. III 1: A. 3 zu Nr. 1 AusfV.), nach Aufhebung der in §§ 12, 13 Pr.AG.GVG. bezeichneten Gerichte, durch letztere Paragraphen, für die ganze Monarchie die Amtsgerichte (Pr.AG.GVG. §§ 16, 26; GVG. § 12; Pr.FGG. Artt. 31 Abs. 1, 32 Abs. 1 a.E.; RFGG. § 167 Abs. 1).

e) Beschwerde. Instanzenzug. Gegen die — nach näherer Maßgabe des § 16 RFGG., Art. 1 Pr.FGG. mit der Bekanntmachung an denjenigen, für welchen sie ihrem Inhalte nach bestimmt sind, wirksam werdenden — Verfügungen des Amtsgerichts ist das Rechtsmittel der (einfachen und daher fristlosen) Beschwerde gegeben (Pr.FGG. Artt. 3, 4). Diese steht jedem zu, dessen Recht durch die Verfügung beeinträchtigt ist (Pr.FGG. Art. 6 Abs. 1, RFGG. § 20 Abs. 1), also z. B. auch der durch die Verfügung — insbes. durch die unter Verletzung gesetzl. Vorschriften (Nichtbeachtung des Diskretionsjahres oder der Zwangsnormen über die rel. Kindererziehung, Nichtwahrung der Frist usw.) erfolgte Aufnahme und Bescheinigung der Austrittserklärung — in ihrem Rechte beeinträchtigten Kirche. Soweit eine Verfügung jedoch (wie hier rgm.) nur auf Antrag erlassen werden kann und der Antrag zurückgewiesen worden ist, steht die Beschwerde nur dem Antragsteller zu (Pr.FGG. Art. 6 Abs. 1, RFGG. § 20 Abs. 2), nicht also z. B. gegen die Zurückweisung einer Aus- oder Übertrittserklärung auch der Kirche, zu welcher der Antragsteller gerichtlich übertreten will.

Beschwerdegericht ist das übergeordnete Landgericht (Zivilkammer; Pr.FGG. Art. 6, Abs. 2, 3). Die Beschwerde kann bei diesem oder dem Amtsgericht, dessen Verfügung angefochten wird, eingelegt werden; die Einlegung erfolgt durch Einreichung einer Beschwerdeschrift oder durch Erklärung zum Protokolle des Gerichtsschreibers eines der beiden Gerichte (Pr.FGG. Art. 6 Abs. 1, RFGG. § 21). Die Beschwerde kann auf neue Tatsachen und Beweise gestützt werden (Pr.FGG. Art. 6 Abs. 1, RFGG. § 23). Sie hat nur dann aufschiebende Wirkung, wenn sie gegen eine Verfügung gerichtet ist, durch die eine Strafe festgesetzt wird. Das Amtsgericht kann jedoch in allen Fällen anordnen, daß die Vollziehung auszusetzen ist. Das Landgericht kann vor der Entscheidung eine einstweilige Anordnung erlassen, insbes. gleichfalls anordnen, daß die Vollziehung der angefochtenen Verfügung auszusetzen ist (Pr.FGG. Art. 6 Abs. 1, RFGG. § 24). Die — mit Gründen zu versehende (Pr.FGG. Art. 6 Abs. 1, RFGG. § 25) — Entscheidung des Landgerichts wird sofort mit der Bekanntmachung (arg. e contr. aus § 26 i.V.m. § 16 RFGG., Artt. 6 u. 1 a.E. Pr.FGG.) rechtswirksam.

Gegen die Entscheidung des Landgerichts ist das Rechtsmittel der (gleichfalls einfachen und daher fristlosen) weiteren Beschwerde zulässig (Pr.FGG. Art. 6 Abs. 4), wenn die Entscheidung auf einer Verletzung des Gesetzes beruht. Die Vorschriften der §§ 550, 551, 561, 563 ZPO. finden entsprechende Anwendung (Pr.FGG. Art. 6 Abs. 1, RFGG. § 27). Zuständig für die Entscheidung über das Rechtsmittel der weiteren Beschwerde ist (nicht das übergeordnete Oberlandesgericht, sondern) für die ganze Monarchie das Kammergericht (Zivilsenat, Pr.FGG. Art. 6 Abs. 3) als s.g. „Kleines Ober-Tribunal" (Pr.FGG. Art. 7 Satz 1, zulässig nach RFGG. § 199). Hängt die Entscheidung nach der Auffassung des Kammergerichts von der Auslegung eines in seinem Bezirke nicht geltenden Gesetzes ab (z. B. eines Partikulargesetzes bz. des Diskretionsjahres oder der rel. Kindererziehung), so kann es die weitere Beschwerde demjenigen OLG. zur Entscheidung überweisen, zu dessen Bezirke das LG. gehört, welches die angefochtene Entscheidung erlassen hat (vgl. z. B. die oben A. 5b B. cit. Entscheidungen der OLG., ergangen „auf Überweisung des KG."). Der Überweisungsbeschluß ist dem Beschwerdeführer bekannt zu machen (Pr.FGG. Art. 7 Satz 2—3). Die weitere Beschwerde kann bei dem AG., LG. oder KG. eingelegt werden. Erfolgt die Einlegung durch Einreichung einer Beschwerdeschrift, so muß diese von einem Rechtsanwalt unterzeichnet sein, es sei denn, daß die Beschwerde von einer Behörde (z. B. dem Vorstande der Kirchengemeinde) eingelegt ist. AG. u. LG. sind nicht befugt, der weiteren Beschwerde abzuhelfen. Im übrigen finden die Vorschriften über die Beschwerde entsprechende Anwendung (Pr.FGG. Art. 6 Abs. 1, RFGG. § 29).

f) Judex inhabilis et suspectus.

α) Judex inhabilis. Ein Richter ist von der Ausübung des Richteramtes kraft Gesetzes ausgeschlossen, wenn eine der Voraussetzungen des § 6 Abs. 1 Nr. 1—4 RFGG. (anwendbar gemäß Art. 1 Pr.FGG.) vorliegt; für die Beurkundung der Austrittserklärung selbst gelten dagegen die Spezialbestimmungen des § 170 RFGG. (s. u. A. 13 zu § 2). Gerichtliche Handlungen sind jedoch infolge ihrer Vornahme von einem kraft Gesetzes von der Ausübung des Richteramtes ausgeschlossenen Richter nicht ipso iure unwirksam (Pr.FGG. Art. 1, RFGG. § 7), sie erlangen vielmehr die volle Rechtswirksamkeit, sofern sie nicht im Wege der Beschwerde (s. o. e) angefochten werden (vgl. Schultze-Oberneck 1, 26; 2, 5).

β) Judex suspectus. Ein Richter kann sich der Ausübung seines Amtes wegen Befangenheit enthalten. Die Ablehnung eines Richters wegen Befangenheit ist dagegen ausgeschlossen (Pr.FGG. Art. 1, RFGG. § 6 Abs. 2).

g) Verfahren. Die Verhandlungen sind nicht öffentlich (arg. e contr. Pr.AG.GVG. Art. 88 Satz 2 u Schultze-Oberneck 1, 26; 2, 5). Die Vorschriften der ZPO. §§ 373f., 402f., 478f. über den Beweis durch Zeugen und Sachverständige und über das Verfahren bei Abnahme von Eiden finden entsprechende Anwendung; über die Beeidigung eines Zeugen oder Sachverständigen entscheidet jedoch, unbeschadet der §§ 393, 402 ZPO. das Ermessen des Gerichts. Behufs Glaubhaftmachung einer tatsächlichen Behauptung kann der Erklärende zur Versicherung an Eidesstatt zugelassen werden (Pr.FGG. Art. 1 a.E., RFGG. § 15). — Die Gerichtsferien sind auf das Verfahren ohne Einfluß (Pr.AG.GVG. § 91 Abs. 1 Satz 1).

— Im übrigen kommen die allgemeinen Verfahrens-vorschriften zur Anwendung: bz. Gerichtssprache und Dolmetscher: Pr.FGG. Art. 1, RFGG. § 8, 9, 6; Sitzungspolizei: Pr.AG.GVG. § 88, GVG. §§ 175—185; Beratung u. Abstimmung (bei den Beschwerdegerichten): AG.GVG. § 90, GVG. §§ 194—199. — Armenrecht: Pr.FGG. Art. 1, RFGG. § 14, ZPO. §§ 114—127, Rechtsanwaltsordnung §§ 34—36. — Ordnungsstrafen usw. zur Durchführung einer Anordnung: Pr.FGG. Art. 1, 15f., RFGG. § 33. — Akteneinsicht und Abschriftserteilung: Pr.FGG. Art. 1 a.E., RFGG. § 34. — Ausfertigungen gerichtl. Verfügungen: Pr.FGG. Art. 18. — Bz. der Austrittserklärung selbst s. u. A. 13 zu § 2.

9. Wohnort. Örtliche Zuständigkeit.

a) Zuständig ist das Amtsgericht des Wohnortes. Wohnort ist nicht der (bloße) tatsächliche Aufenthaltsort, sondern der (ständige) Wohnsitz. Der Begriff des letzteren bestimmt sich nach den Grundsätzen des allgemeinen bürgerl. Rechts. Es kommen somit in erster Linie die §§ 7—11 BGB. zur Anwendung. Hiernach wird der Wohnsitz durch die ständige Niederlassung an einem Orte begründet; er kann gleichzeitig an mehreren Orten bestehen; er wird aufgehoben, wenn die Niederlassung mit dem Willen aufgehoben wird, sie aufzugeben (§ 7). Wer geschäftsunfähig oder in der Geschäftsfähigkeit beschränkt ist, kann ohne den Willen seines gesetzl. Vertreters einen Wohnsitz weder begründen noch aufheben (§ 8). Eine Militärperson (Begriff: MStGB. §§ 4, 5; RMilG. § 38 lit. A; RG. 6. 2. 11, RGBl. 31f., Art. I: Veterinäroffiziere) hat ihren Wohnsitz am Garnisonorte (bei Teilung desselben in mehrere Gerichtsbezirke vgl. ZPO. § 14; AVf. 23. 4. 06, JMBl. 125. Für den Mobilmachungsfall: vgl. RMilG. § 39 Abs. 3). Als Wohnsitz einer Militärperson, deren Truppenteil im Inlande keinen Garnisonort hat, gilt der letzte inländische Garnisonort des Truppenteils (§ 9 Abs. 1; mangels eines Garnisonortes: vgl. MilFGG. § 8;

vgl. auch V. 16. 11. 02, RGBl. 280). Diese Vorschriften finden keine Anwendung auf Militärpersonen, die nur zur Erfüllung der Wehrpflicht (einschl. der Ein-, Zwei- u. Dreijährig-Freiwilligen) dienen oder die nicht selbständig einen Wohnsitz begründen können (§ 9 Abs. 2). Die Ehefrau teilt den Wohnsitz des Ehemannes. Sie teilt den Wohnsitz nicht, wenn der Mann seinen Wohnsitz im Auslande an einem Orte begründet, an den die Frau ihm nicht folgt und zu folgen nicht verpflichtet ist. Solange der Mann keinen Wohnsitz hat oder die Frau seinen Wohnsitz nicht teilt, kann die Frau selbständig einen Wohnsitz haben (§ 10). Ein eheliches Kind teilt den Wohnsitz des Vaters, ein uneheliches Kind den Wohnsitz der Mutter, ein an Kindesstatt angenommenes Kind den Wohnsitz des Annehmenden. Das Kind behält den Wohnsitz, bis es ihn rechtsgültig aufhebt. Eine erst nach dem Eintritte der Volljährigkeit des Kindes erfolgende Legitimation oder Annahme an Kindesstatt hat keinen Einfluß auf den Wohnsitz des Kindes (§ 11). Die vorübergehende Entfernung vom Wohnsitze ist einflußlos. Bz. des Wohnsitzes derjenigen Deutschen, welche das Recht der Exterritorialität genießen, sowie der im Auslande angestellten Beamten des Reiches oder eines Bundesstaates: vgl. Pr.FGG. Art. 1; RFGG. § 3; ZPO. § 15; Bk. 21. 4. 06, RGBl. 463; AVf. 24. 4. 06, JMBl. 128.

b) Der Wohnsitz wird hiernach insbes. nicht begründet durch die Internierung in Straf-, Untersuchungs-, Festungsgefängnissen, Arbeitshäusern, Fürsorgeerziehungsanstalten, Irrenheilanstalten u. dgl., oder durch einen anderen unfreiwilligen Aufenthalt an einem Orte (z. B. Kriegsgefangenschaft), auch wenn es sich, wie z. B. bei Verbüßung einer lebenslänglichen Zuchthausstrafe, um einen dauernden Aufenthalt handelt, ebensowenig z. B. durch die — wenn auch freiwillige — Aufnahme in eine Krankenanstalt u. dgl. sowie (Pr.AG.BGB. Art. 14 § 1 Abs. 4, zulässig nach EG.BGB. Artt. 95 Abs. 1 Satz 1, 218) durch das Gesindeverhältnis. Außer Betracht bleiben ferner, da nur vermögensrechtl. Ansprüche betr., die Vorschriften der ZPO. §§ 20f. über den besonderen Gerichtsstand, insbes. der Arbeiter, Gewerbegehilfen, Studierenden, Schüler, Lehrlinge usw. (§ 20 ZPO.) sowie bz. der gewerbl. oder landwirtschaftl. Niederlassung (§ 21 ZPO.). Die vorbezeichneten Personen können daher ihren Austritt nicht vor dem Gericht des Garnison- (im Falle des Abs. 2 § 9 BGB.), Internierungs-, Heil-, Dienst-, Arbeits-, Schul-, Studien-, Geschäfts-, Wirtschaftsortes usw. erklären, müssen dieses vielmehr vor dem Gericht ihres Wohnsitzes tun (z. T. a.M. Neumeyer 396f., wonach bei einem „Übertritt" die Erklärung auch vor dem Gericht des „längeren Aufenthaltsortes", z. B. des Studienortes, und bei „Austritt von Forensen" die Erklärung auch vor dem Gericht des „Steuerortes" zulässig sein soll, was aber im Gesetze keine Stütze findet und auch der inneren Berechtigung entbehrt). Bei mehrfachem Wohnsitz (vgl. über den Begriff Pr.OVG. 7. 4. 08 u. 27. 4. 09 Pr.OVG. 52, 230f. u. 54, 185f.) ist das Gericht jedes Wohnsitzes zuständig; dem zuerst in der Sache tätig gewordenen Gericht gebührt dabei der Vorzug (Pr.FGG. Art. 1, RFGG. § 4). Nur bei völligem Fehlen eines (sowohl jetzigen wie früheren) Wohnsitzes ist aushilfsweise das Gericht des Aufenthaltsortes zuständig (vgl. § 16 ZPO.). Erforderlichenfalls kann die Entgegennahme der Erklärung im Wege der Rechtshilfe erfolgen (s. u. A. 10).

c) Das Gericht des Garnisonortes usw. hat daher in den vorstehend bezeichneten Fällen die Entgegennahme der Austrittserklärung abzulehnen. Hat es jedoch unter Verletzung dieser Vorschriften die Erklärung entgegengenommen oder sonstige Amtshandlungen vorgenommen, so werden die Erklärung bzw. die letzteren dadurch nicht ipso iure unwirksam, erlangen vielmehr, sofern die Erklärung nicht im Wege der Beschwerde (z. B. seitens des Vorstandes der Austrittskirche, s. o. A. 8e) angefochten wird (vgl. Schultze-Oberneck 1, 26; 2, 5), die volle Rechtswirksamkeit; das Gleiche gilt, wenn ein sonstwie unzuständiges Gericht derartige Handlungen vorgenommen hat (Pr.FGG. Art. 1, RFGG. § 7; unrichtig daher Pr.OVG. 14. 9. 1885 Pr.OVG. 12, 240; HinschiusG. 180; L. 4, 187; R. 27; Kollenscher 111, wonach die Unzuständigkeit des Richters die Nichtigkeit der Austrittserklärung bewirkt). Nimmt der Richter eine Beurkundung der Erklärung außerhalb der Grenzen seines Bezirkes vor, so ist dieselbe trotzdem rechtswirksam (Pr.FGG. Art. 39); eine Beschwerde ist in diesem Falle unzulässig (Schultze-Oberneck 2, 97, 98).

d) Maßgebend ist der Wohnsitz zur Zeit der Stellung des Antrages, nicht zur Zeit der Abgabe der definitiven Austrittserklärung (im Prinzip wohl zustimmend KG. 23. 8. 06, 1 Gen. III 8, 3916, ungedruckt; a.M. Horn 434 f.). Eine Veränderung des Wohnsitzes zwischen diesen Momenten berührt die Zuständigkeit des Gerichts nicht, da wegen der Einheitlichkeit des Verfahrens (unitas actus) analog der Bestimmung des § 263 Abs. 1 ZPO. die Begründung der „Rechtshängigkeit" der Sache und damit gemäß Abs. 2 Nr. 2 das. eine perpetuatio fori anzunehmen ist. Der Richter des „Antrags-Wohnsitzes" hat die Erklärung daher trotz Wegzuges des Antragstellers entgegenzunehmen und auch die Bescheinigung zu erteilen, der Richter des „Erklärungs-Wohnsitzes" ein etwaiges Ersuchen des Antragstellers oder des Gerichtes des Antrags-Wohnsitzes abzulehnen. Die verbreitete Praxis der Gerichte des Antrags-Wohnsitzes, die Sache im Falle eines Wegzuges an das Gericht des Erklärungs-Wohnsitzes abzugeben, sowie auch die im Anschlusse hieran oft geübte weitere Praxis der letzteren Gerichte, unter Ablehnung der Aufnahme der Austrittserklärung einen neuen Antrag zu erfordern, ist somit unzutreffend.

e) Gerichtsstandsbestimmung. Besteht Streit oder Ungewißheit darüber, welches von mehreren Gerichten örtlich zuständig ist (s. z. B. o. d), so erfolgt die Bestimmung des örtlich zuständigen Gerichts durch das gemeinschaftl. obere Gericht, in Ermangelung dessen durch den Justizminister. Ist das zuständige Gericht in einem einzelnen Falle an der Ausübung des Richteramtes rechtlich oder tatsächlich verhindert, so erfolgt die Bestimmung des örtl. zuständigen Gerichts durch das zunächst höhere Gericht, in dessen Ermangelung gleichfalls durch den Justizminister. Eine Anfechtung der Entscheidung findet in beiden Fällen nicht statt. Als das dem LG. im Instanzenzuge vorgeordnete Gericht gilt das OLG., zu dessen Bezirk das LG. gehört (Pr.AG.GVG. Art. 20); wegen Vertretung der Richter vgl. Art. 24 das.

f) Groß-Berlin: Nichtkonzentration (Dezentralisation). Die durch JMV. 19. 4. 06 (JMBl. 123) erfolgte Überweisung der Registergeschäfte (Handelsregister usw.) für sämtliche Gerichte Groß-Berlins an das AG. Berlin-Mitte erstreckt sich nicht auf die — der Handelsregisterabteilung des letzteren im rgm. Geschäftsgange lediglich angegliederten — Kirchen- (Synagogen-) Aus- und Übertrittssachen, es ist für diese vielmehr das (durch den Wohnsitz des Antragstellers bestimmte, s. o.) örtlich zuständige spezielle Amtsgericht (Berlin-Tempelhof usw.) zuständig.

10. Rechtshilfe.

A. Hält sich der Antragsteller außerhalb des Bezirkes des für ihn (kraft seines Wohnsitzes, s. o. A. 9) zuständigen Amtsgerichts auf, so kann auf seinen Antrag die Entgegennahme der Aus- oder Übertrittserklärung im Wege der Rechtshilfe erfolgen, deren Zulässigkeit prinzipiell, — d. h. somit in allen Fällen, in denen ihr nicht zwingende Normen des positiven Rechts (wie u. B d—f) entgegenstehen, — mit Rücksicht auf die Tendenz des KAG. (Durchführung der Glaubens- und Gewissensfreiheit im Hinblick auf die durch Pr.VU. Art. 12 gewährleistete, — insbes. auch für die zugleich im kirchlichen Interesse liegende Ermöglichung gerichtlicher Übertritte rechtserhebliche, — Freiheit des religiösen Bekenntnisses, s. o. Einl. A § 2) anzunehmen ist (a.M.: LG. Magdeburg 6. 7. 07, 1 T. 233. 07, u. Vf. d. KGPr. 2. 3. 11,

$\frac{\text{I K. 12.}}{\text{53.}}$, beides ungedruckt), da sonst „Personen, die durch Krankheit oder andere Gründe auf längere Zeit verhindert sind, ihren Wohnsitz aufzusuchen, gehindert wären, den Austritt“ (und damit insbes. auch den Übertritt, s. o.) „zu erklären“ (KG. 11. 1. 09, I. Sen. III. 19, ungedruckt, welche Entsch., — insofern z. T. auch abgedruckt in DJZ. 1909, 605, — die Frage im übrigen unentschieden läßt und nur die Ablehnung der Rechtshilfe mangels Vorliegens der im GVG. § 159 Abs. 2 vorgesehenen Voraussetzungen für unzulässig erklärt, während die Prüfung der Rechtswirksamkeit den Kirchenbehörden, z. T. auch dem ersuchenden Gerichte, vorbehalten bleiben müsse).

B. Im einzelnen ist, da das Kirchenaustrittsverfahren nicht durch Reichs-, sondern durch Landesgesetz den Amtsgerichten übertragen ist, RFGG. (vgl. RFGG. § 1) und die darauf beruhenden weiteren Bestimmungen daher nicht zur Anwendung kommen, zu unterscheiden: Rechtshilfe durch:

a) Preußische Gerichte: Diese (u.zw. die Amtsgerichte: Pr.AG.GVG. § 87 Abs. 1 Satz 2 i.V.m. GVG. § 158) sind gemäß Pr.AG.GVG. § 87 Abs. 1 Satz 1 zur Gewährung der Rechtshilfe verpflichtet. Dieselbe erfolgt unter entsprechender Anwendung der Vorschriften der §§ 158—160, 162, 164, 167 GVG.; eine Anfechtung der Entscheidung des OLG. findet jedoch in keinem Falle statt (Pr.AG.GVG. § 87 Abs. 1 Satz 2—3).

b) Außerpreußische deutsche Gerichte: Eine generelle Verpflichtung zur Gewährung der Rechtshilfe besteht nicht, da die durch RFGG. begründete allgemeine Rechtshilfepflicht der deutschen Gerichte mangels Nichtanwendbarkeit des RFGG. (s. o.) hier nicht Platz greift und da weiterhin das Rechtshilfegesetz vom 21.6.69, BGBl. 305 f., auf Angel. d. freiw. Gerichtsbark. nicht Anwendung findet (so zutreffend Böhm-Delius 35 gegen v. Wilmowski-Levy ZPO.[7] 2, 1340). Maßgebend für eine ev. Verpflichtung hierzu sind die Staatsverträge (Schultze-Oberneck 2, 265 u. Böhm-Delius 35), in Ermangelung solcher das Völkerrecht bzw. das Herkommen (Böhm-Delius 35). Bz. der einzelnen preuß. Rechtshilfeverträge mit den anderen Bundesstaaten und der landesrechtlichen Bestimmungen in diesen vgl. Böhm-Delius 36f. Bz. der Kostenerstattung vgl. AVf.7.3.07, JMBl.55f.; vgl. auch AVf. 14. 4. 03, JMBl. 88, i.V.m. AVf. 12. 3. 01, JMBl. 62.

c) Militärbehörden: Rgm. sind für Gewährung der Rechtshilfe bz. Militärpersonen die Zivilgerichte zuständig, „im Felde" (Begriff: EG.MStGO. § 5) findet dagegen bz. der im § 1 Nr. 1, 6, 7, 8 der MStGO. bezeichneten Personen die Rechtshilfe seitens der Militärbehörden, u.zw. seitens der Kriegs- und Oberkriegsgerichtsräte (MilFGG. § 1 Nr. 3), statt, da deren Rechtshilfepflicht sich mangels einer gesetzlichen Einschränkung auch auf diejenigen Angel. d. freiw. Gerichtsbark. bezieht, die nur durch Landesgesetz den Gerichten übertragen sind (zustimmend Böhm-Delius 12).

d) Marinebehörden: Rechtshilfe findet nicht statt, da hier nach § 5 MilFGG. nur Nr. 2, nicht aber auch die die Rechtshilfe zulassende Nr. 3 des § 1 MilFGG. (s. o. c) zur Anwendung kommt (zustimmend Böhm-Delius 12).

e) Konsularbehörden.

α) Handelskonsuln (Berufs- und Wahlkonsuln in den christlichen Ländern) sind für die Gewährung der Rechtshilfe unzuständig. Dieselben sind nur insoweit Richter, als ihnen bestimmte richterliche Akte ausdrücklich übertragen worden sind (v. König 324; Neumeyer 394), was bz. der Kirchenaustrittssachen nicht der Fall ist (vgl. im einzelnen Horn 442f.; zustimmend auch Neumeyer 394). Die trotzdem seitens verschiedener Konsuln (z. B. des Konsuls in Bordeaux: Neumeyer 394, und des Generalkonsuls in London am 6. 9. 09, Not.Reg. Nr. 307 desselben, auch bei Horn 430f. erwähnt) aufgenommenen Austrittserklärungen vermögen daran nichts zu ändern, sind vielmehr ungiltig (zustimmend Neumeyer 394; Horn 444; unentschieden LG. I Berlin 24. 1. 11, 19 T. 37. 10, auch bei Horn 444f. erwähnt). Die Handelskonsuln können daher in Austrittssachen auch nicht als — um Gewährung der

Rechtshilfe — „ersuchte“ Richter tätig sein (zustimmend v. König 324; Neumeyer 394; Horn 444).

β) Jurisdiktionskonsuln (in den nichtchristlichen Ländern des Orients) sind gleichfalls unzuständig (a.M. Horn 440f., jedoch ohne Prüfung der Rechtsgrundlagen). Diese sind zwar „Richter“ (vgl. Horn 438f.) und infolge Geltung des KAG. in den Konsulargerichtsbezirken (s. o. A. 1c zur Eingangsformel des KAG.) auch speziell zur Aufnahme von Kirchenaustrittserklärungen (zustimmend v. König 397; im Resultat auch, wenn auch ohne Prüfung dieser Rechtsgrundlage, Horn 439f.) von Personen, die dort ihren Wohnsitz haben, befugt, für die Gewährung der Rechtshilfe bz. der sich dort lediglich aufhaltenden Personen sind sie aber infolge Bezugnahme des die Rechtshilfe regelnden § 18 KonsGG. auf §§ 157—169 GVG. und § 2 RFGG. (s. o.) nur in solchen Angelegenheiten zuständig, welche durch Reichsgesetz den Gerichten übertragen sind (im Resultat zustimmend Böhm-Delius 9), was hier (s. o.) nicht der Fall ist.

f) Schutzgebietsbehörden. Rechtshilfe ist gleichfalls unzulässig, da zwar auch in den Schutzgebieten KAG. bz. der dort ansässigen Personen gilt (s. o. A. 1c zur Eingangsformel des KAG.), bz. der Rechtshilfe hinsichtlich der sich dort lediglich aufhaltenden Personen aber § 18 KonsGG. (s. o. e β) gemäß § 2 SchutzgebG. entsprechende Anwendung findet.

g) Ausländische Gerichte. Maßgebend sind die internationalen Verträge, in deren Ermangelung die Grundsätze des Völkerrechts bzw. des internationalen Privatrechts (Böhm-Delius 98, 109); bz. der Signatarmächte des Haager Abkommens über den Zivilprozeß v. 17. 7. 05 (RGBl. 09, 410f., unter Außerkraftsetzung des Haager Abkommens z. Regelung v. Fragen d. internat. Privatrechts v. 14. 11. 96, RGBl. 99, 285f., in Kraft seit 27. 4. 09, vgl. Art. 28; dazu Bk. 24. 4. 09, RGBl. 409, und AusfG. 5. 4. 09, RGBl. 430f.; ferner Bk. 16. 8. 09, RGBl. 907; Bk. 9. 2. 10, RGBl. 455; Bk. 7. 5. 10, RGBl. 674; Bk. 3. 6. 10,

RGBl. 871; Bk 6.4.11, RGBl. 161) kommen Artt. 8 f. desselben zur Anwendung, da dieses Abkommen sich trotz seiner Benennung nach ausdrücklicher Feststellung der Konferenz auch auf Angel. d. freiw. Gerichtsbark. bezieht (Denkschrift bei Müller 2, 1201). — Über die Form des Ersuchens usw. vgl. ABf. 16. 6. 10, JMBl. 189 f., betr. d. Ersuchen nach dem Auslande; bz. der Kosten Art. 16 des Haager Abkommens sowie § 10 III der letzteren ABf.

11. Übertritt. Über den Begriff s. o. A. 2.

12. Von einer Kirche zur anderen. Nur auf den Übertritt von einer Kirche (oder einer mit Korporationsrechten ausgestatteten Religionsgemeinschaft, § 8) zu der anderen Kirche (oder einer wie vorstehend bezeichneten Religionsgemeinschaft), nicht auf anderweitige Übertritte beziehen sich die Abs. 2 und 3 des § 1. Diese finden daher:

A. Anwendung: auf den Übertritt:

a) von einer K. zur anderen K.;

b) von einer K. zu einer mit Korp.R. ausgestatteten Rel. Gemeinsch.;

c) von einer mit Korp.R. ausgestatteten Rel.Gemeinsch. zu einer K.;

d) von einer mit Korp.R. ausgestatteten Rel.Gemeinsch. zu einer anderen mit Korp.R. ausgestatteten Rel.Gemeinsch.

B. nicht Anwendung: auf den Übertritt:

a) von einer K. zu einer nicht mit Korp.R. ausgestatteten Rel.Gemeinsch.;

b) von einer mit Korp.R. ausgestatteten Rel.Gemeinsch. zu einer nicht mit Korp.R. ausgestatteten Rel.Gemeinsch.;

c) von einer nicht mit Korp.R. ausgestatteten Rel.Gemeinsch. zu einer K.;

d) von einer nicht mit Korp.R. ausgestatteten Rel.Gemeinsch. zu einer mit Korp.R. ausgestatteten Rel.Gemeinsch.;

e) von einer nicht mit Korp.R. ausgestatteten Rel.Gemeinsch. zu einer anderen nicht mit Korp.R. ausgestatteten Rel. Gemeinsch.

Bz. der zu B. bezeichneten Übertritte ist eine gerichtl. Erklärung in der Form des KAG. weder erforderlich noch zulässig; ihre Entgegennahme ist daher vom Gericht abzulehnen.

Der bloße Eintritt in eine K. usw. unterliegt überhaupt nicht den Bestimmungen des KAG., ebensowenig der Wiedereintritt nach erfolgtem Austritt (s. auch u. III 1 A. 6 zu Nr. 4 der AusfB.).

13. Bestehendes Recht. Es verbleibt bei dem bestehenden Recht.

a) Zweck: Wahrung des historisch entstandenen und im Bewußtsein des Volkes eingewurzelten Zustandes, insbes. des für den Übertritt von der einen zu der anderen christl. K. bestehenden gewohnheitsmäßigen und von den Kirchen anerkannten Grundsatzes, „daß die Teilnahme an den Sakramenten als genügender Ausdruck des Übergangs gilt", besonders mit Rücksicht darauf, daß der Übertritt aus Pietätsrücksichten „in einer oft absichtlich gewählten, formlosen, Aufsehen vermeidenden Weise" erfolgt (KommBer. i. d. Drucks. d. AbgH. 1872/73 Bd. II Nr. 247 S. 1119; von Köhler 7 freilich bz. des Anerkenntnisses durch die Kirchen als unrichtige Annahme bekämpft).

b) Bestehendes Recht:

A. Für das Gebiet des ALR. sind die Bestimmungen der §§ 41, 42 II 11 ALR. maßgebend:

a) § 41: „Der Übergang von einer Religionspartei zu einer anderen geschieht in der Regel durch ausdrückliche Erklärung."

b) § 42: „Die Teilnehmung an solchen Religionshandlungen, wodurch eine Partei sich von der anderen wesentlich unterscheidet, hat die Kraft einer ausdrücklichen Erklärung, wenn nicht das Gegenteil aus den Umständen deutlich erhellet (§ 39)."

Zu a: Übertritt durch ausdrückliche Erklärung. Die ausdrückliche Erklärung braucht nicht gegenüber dem Vorsteher der Kirchengesellschaft, aus welcher der Austritt erfolgen soll (vgl. ALR. II 6 §§ 182f.), abgegeben zu werden, es genügt vielmehr jede bestimmte Willenserklärung des Übertretenden; als solche genügt der Übertritt zu einer anderen Religionspartei ohne besondere Austrittserklärung (Ob.Trib. 29. 4. 61 Strieth. 41, 201f.; der entgegenstehende Erlaß des Evangel. Oberkirchenrats v. 10. 5. 1853 ist damit verworfen).

Zu b: Übertritt durch konkludente Handlungen. Es ist hier die Teilnahme an solchen Religionshandlungen erforderlich, durch welche sich eine Partei von der anderen wesentlich unterscheidet, auch wenn diese Religionshandlung kein Sakrament darstellt, z. B. die Messe in der kathol. K. Die Teilnahme hat die Kraft einer ausdrückl. Erklärung, „wenn nicht das Gegenteil aus den Umständen deutlich erhellt." Durch diese Fassung und den dem § 42 beigefügten Zusatz: „§ 39" („Protestantische Kirchengesellschaften des Augsburg'schen Glaubensbekenntnisses sollen ihren Mitgliedern wechselseitig die Teilnahme auch an ihren eigentümlichen Religionshandlungen nicht versagen, wenn dieselben keine Kirchenanstalt ihrer eigenen Religionspartei, deren sie sich bedienen können, in der Nähe haben.") gibt das Gesetz zu erkennen, daß prinzipiell jede Teilnahme an den vorbezeichneten Religionshandlungen als Übertrittserklärung anzusehen ist und daß der Nichtübertritt als Ausnahme gilt. Sinngemäß setzt diese Bestimmung aber voraus, daß der Teilnehmende den Willen zum Übertritt hat. Ein solcher ist z. B. anzunehmen, wenn ein Protestant regelmäßig während eines längeren Zeitraumes der Messe beiwohnt, z. B. aber nicht anzunehmen, wenn er dieses gelegentlich einmal (etwa um des Interesses willen) tut (im wesentlichen zustimmend Hinschius S. 174; L. 4, 185; R. 25; auch Köhler 17; Schmidt 164). Durch die Teilnahme eines Christen am Abendmahle einer anderen christl. Konfession wird rgm. der Übertritt zu dieser als vollzogen anzusehen sein (KG. 3. 12. 00 KGJ. 21 A. 41 f.), es sei denn, daß diese Teilnahme seitens eines Mitgliedes der einen protestantischen Konfession in der Kirche der anderen lediglich gastweise mit Rücks. auf § 39 II 11 ALR. (s. o.) erfolgt. Der Beitritt zur Union enthält an sich keinen Konfessionswechsel (vgl. Kab.O. 30. 4. 1830, GS. 64; 28. 2. 1834 und 6. 3. 1852, beide abgedruckt bei Goßner 37 f.; vgl. auch KG. 29. 6. 05 OLG. 12, 334 f.), wenngleich durch den Beitritt der an demselben Orte bestehenden lutherischen oder reformierten Kirchengemeinden zur Union die Möglichkeit nicht ausgeschlossen wird, daß ein Gemeindemitglied von der einen zur anderen Religionspartei mit rechtlicher Wirkung übergeht (Ob.Trib. 9. 7. 60 Ob.Trib. 43, 287 f. und Strieth. 38, 147 f.; vgl. auch Pr.OVG. 7. 2. 99 Pr.OVG. 35, 175 f.). — Der in verschiedenen ungedruckten Kab.O. früher als unzulässig erklärte Übertritt vom Christentum zum Judentum ist jetzt infolge PrVU. Art. 12 zulässig (Hinschius L. 4, 185; R. 25; bz. des Rücktritts zum Judentum bereits Zirkular-V. 28. 7. 1848, Min.Bl. f. d. inn. Verw. 221).

B. In den anderen Rechtsgebieten sind für Hannover V. 29. 9. 1867 § 8, Kurhessen G. 29. 10. 1848 §§ 4, 5, für die ehem. bayer. Gebietsteile das Religionsedikt 26. 5. 1818 § 10 maßgebend; im einzelnen s. o. Einl. A § 2 Nr. 2–4; bz. des Rechtszustandes in den anderen Landesteilen s. o. a.a.O. Nr. 5 sowie Schmidt 167 f.

14. Befreiung von den Lasten des bisherigen Verbandes: d. h. Befreiung von allen vermögenswerten Leistungen, welche ihm als Mitglied einer Kirche kraft der Zugehörigkeit zu derselben und einer Parochie der letzteren obliegen (Hinschius G. 174; L. 4, 186; R. 26). Hierzu gehören insbes. die Kirchensteuern, Beiträge zu Bauten, Hand- und Spanndienste (vgl. ALR. II 11 §§ 714 f.), Kirchstuhlgelder, bestimmte an die kirchl. Organe (Pfarrer, Küster usw.) zu entrichtende Abgaben, z. B. Offertoria, Pröven, Ostereier, Wettergarben (vgl. ALR. II 11 § 937); Personaldezem, Quartalgeld, Kalende, Vitaltag, Läutebrote; vgl. im einzelnen Trusen 529f.

15. Übertritt mit Lastenbefreiung.

a) Form: § 1 Abs. 1 i.V.m. § 2.

b) Grund: Wenn ein vermögensrechtlicher Vorteil beansprucht wird, kommt „es nicht auf schonende Rücksichten an" (KommBer. wie A. 13a).

c) Notwendigkeit: Die Beobachtung dieser Form ist nur notwendig zwecks Befreiung von den Lasten des Parochialverbandes, dem der Übertretende vor dem Übertritte angehörte. Verlegt er seinen Wohnsitz in den Bezirk eines anderen Parochialverbandes seiner bisherigen Kirche, so tritt er, wenn auch er nur kirchlich übergetreten ist, nicht in denselben ein; er ist daher trotz Unterlassung des gerichtl. Übertritts nicht leistungspflichtig (Pr.OVG. 24. 4. 06 u. 28. 5. 09 Pr.OVG. 49, 212f. u. 54, 203f.).

16. Verhältnis des Übertrittes des Abs. 2 und des Abs. 3 zueinander. Der Übertritt in der Form des Abs. 2 ist ein vollwirksamer Übertritt (vgl. auch RG. 14. 4. 02 RGZ. 24 A 29f.; vgl. dagegen RG. Strafsenat 30. 11. 91 RGZ. 12, 257), welcher sich lediglich durch den Nichteintritt der bürgerlichen Wirkungen (s. o. A. 3), d. h. die Nichtbefreiung von den Lasten des bisherigen Verbandes von dem Übertritte in der Form des Abs. 3 unterscheidet, während die Übernahme der Lasten des neuen Verbandes in beiden Fällen die gleiche bleibt. Die gerichtl. Übertrittserklärung hat daher insbes. nicht die ihm vielfach — auch seitens kirchl. Organe, insbes. in den daher oft inkorrekten kirchl. Übertritts- und Aufnahmebescheinigungen — zugeschriebene rechtliche Funktion einer „Bestätigung" oder „Verleihung der Rechtskraft" bz. des Kirchenübertritts, sie betrifft vielmehr lediglich die von dem letzteren unberührt gebliebene vorbezeichnete vermögensrechtliche Seite; es ist daher z. B. die — wiederholt vorkommende — Verweigerung des konfessionellen Begräbnisses bei nur (aber auch unstreitig erfolgtem) kirchlichen Übertritt durch die neue K. rechtlich unzulässig. Ein nach Abs. 2 (nur kirchlich) in eine K. (oder Rel.Gemeinsch. des § 8) Übergetretener kann somit aus dieser Gemeinschaft nach Abs. 3 (gerichtlich) wieder austreten oder zu einer anderen Rel.Gemeinsch. übertreten, ohne daß es eines vorgängigen gerichtl. Übertritts zu derjenigen Rel.Gemeinsch., deren Mitgliedschaft er nunmehr wieder aufgeben will, bedürfte, und es kann daher die Vorlegung einer gerichtl. Übertrittsbescheinigung zwecks Nachweises der Zugehörigkeit zu dieser K. vom Gericht nicht erfordert werden, wohl aber die Vorlegung einer kirchl. Aufnahmebescheinigung seitens derselben (s. u. A. 13b δ zu § 2). Der Aus(Über)tretende wird aber infolgedessen durch seine gerichtl. Erklärung nur von den Lasten seines bisherigen Verbandes befreit, während die Lasten seines früheren Verbandes mangels Wahrung der Form des Abs. 3 bestehen bleiben; um eine Befreiung auch von diesen herbeizuführen, bedarf es des (sei es gleichzeitigen, sei es vorgängigen oder nachträglichen) gerichtl. Austrittes aus seiner früheren Rel. Gemeinsch. Ein nur kirchlich (durch Empfang des Abendmahls in beiderlei Gestalt bzw. durch Taufe) zur evangel. K. übergetretener Katholik oder Jude wird daher z. B. durch den gerichtl. Wiederaustritt aus der letzteren bzw. den Übertritt zu einer anderen Rel.Gemeinsch. von den Lasten der evangel. K., nicht aber von denjenigen der kathol. K. bzw. der jüd. Rel.Gemeinsch. befreit; um auch von den letzteren befreit zu werden, müßte er vor, bei oder nach dem Austritte aus der evangel. K. seinen gerichtl. Austritt aus der kathol. K. oder dem Judentum anmelden und erklären.

§ 2.

Der Aufnahme der Austrittserklärung[1] muß ein hierauf gerichteter Antrag[2] vorangehen[3]. Derselbe ist durch den Richter[4] dem Vorstande der Kirchengemeinde[5], welcher

der Antragsteller angehört[6], ohne Verzug[7] bekannt zu machen[8].

Die Aufnahme der Austrittserklärung[9] findet nicht[10] vor Ablauf von vier Wochen und spätestens innerhalb sechs Wochen nach Eingang des Antrages[11] [12] zu gerichtlichem Protokoll[13] statt. Abschrift des Protokolls ist dem Vorstande der Kirchengemeinde[14] zuzustellen[15] [16].

Eine Bescheinigung des Austritts[17] ist dem Ausgetretenen auf Verlangen[18] zu erteilen[19].

1. s. u. Abs. 2.

2. Antrag. Form: mündlich zu Protokoll (des Gerichtsschreibers; ev. des Richters) oder schriftlich: AusfV. Nr. 2 Abs. 1 Satz 1; s. u. III 1. Antragsstellung in Person wird (im Gegensatz zur Abgabe der definitiven Erklärung, s. o. A. 6 zu § 1) nicht vorgeschrieben, es ist daher Stellvertretung zulässig (Schmidt 158f.); jedoch ist der Nachweis einer ausreichenden Vollmacht (rgm. in öffentlicher beglaubigter Form) zu verlangen; insbes. ist auch der Ehemann nicht als befugt anzusehen, ohne Beibringung einer Vollmacht den Antrag für seine Ehefrau zu stellen (s. o. A. 5d zu § 1); desgl. ist bei Übertritten auch der Geistliche oder ein sonstiges Organ der neuen K. ohne Beibringung einer — ev. bereits in die kirchl. Aufnahmeverhandlung aufzunehmenden — Vollmacht zur Stellung des Antrages nicht als legitimiert anzusehen, da kirchenrechtl. der kirchliche Übertritt ausreichend ist (s. o. A. 16 zu § 1) und der Übertretende aus persönlichen Gründen (s. o. A. 13a zu § 1) oder zwecks Kostenersparnis (s. u. A. 2 zu § 6) es vielleicht bei dem kirchl. Übertritt bewenden lassen will, die Absicht eines gerichtl. Übertritts daher nicht ohne weiteres zu präsumieren ist. — Die Auf- und Annahme des Antrages (bz. der Kosten des Verfahrens s. u. A. 2 zu § 6) ist gebührenfrei (Pr.GKG. § 108 Nr. 1 Satz 1; s. u. A. 2a zu § 6). Aus dem Antrage muß deutlich und zweifelsfrei ersichtlich sein, daß und aus welcher K. (oder Rel.Gemeinsch.

des § 8) der Antragsteller austreten bzw. von welcher zu welcher K. usw. er übertreten will. Insbes. muß klar hervorgehen, daß der Antragsteller aus der ganzen Kirchengesellschaft usw. (z. B. „der evangel. Kirche"), nicht aus einer Gliederung innerhalb derselben (z. B. „der hiesigen evangel. Kirche") austreten will (s. u. A. 9). Der Antrag muß unbedingt und unbefristet sein. Der Angabe des Beweggrundes bedarf es nicht (s. u. A. 9). Ermangelt der Antrag einer dieser Voraussetzungen oder stehen seiner Erledigung andere Anstände entgegen, so ist der Antragsteller zur Behebung des Mangels durch Zwischenverfügung aufzufordern. Ist eine Beseitigung des Mangels nicht möglich (z. B. Anmeldung des Austrittes aus einer nicht mit Korporationsrechten ausgestatteten Rel.Gemeinsch.), so ist der Antrag zurückzuweisen. Zu beachten ist dabei, daß „Landeskirche" in Preußen nur die evangel. K. in ihren verschiedenen partikularrechtlichen Formen, nicht auch die kathol. K. ist. Erfolgt die Anmeldung des Austrittes aus der „Landeskirche" (ohne weitere Zusatzbezeichnung), so ist darunter an sich daher die „evangel. K." zu verstehen. Mit Rücksicht auf die weitverbreitete Meinung, daß auch die kathol. K. Landeskirche ist, empfiehlt es sich aber erfahrungsgemäß, insbes. im Falle der Verwendung eines den Vordruck „Landeskirche" aufweisenden Formulars bei der Anmeldung, zwecks Vermeidung der Ungiltigkeit der Anmeldung durch Zwischenverfügung den Antragsteller zu einer Erklärung zu veranlassen, ob er aus der evangel. oder aus der kathol. K. austreten wolle, falls die Angehörigkeit des Antragstellers zur evangel. Landeskirche nicht etwa aus anderen Erklärungen desselben erhellt oder gerichtsbekannt ist. Das Gleiche gilt, falls partikularrechtlich (wie z. B. in Hannover und in Nassau) mehrere evangel. Landeskirchen existieren, für die Feststellung der speziellen Landeskirche (z. B. „ev.-luth." oder „ev.-ref."). Die Anmeldung des Austritts aus der „kathol." K. genügt rgm. zur Kenntlichmachung der Absicht, aus der „römisch-kathol." K. auszutreten. In jedem Falle unzulässig ist dagegen die Anmeldung des Austritts aus der „jüdischen Landeskirche“, da es eine solche in Preußen (im Gegensatze zu Württemberg und Baden: v. Holtzendorff Rechtslexikon 3, 243) nicht gibt und es weiterhin schon mit Rücksicht auf die rechtliche Möglichkeit des Austritts aus der örtlichen Synagogengemeinde (s. u. III 2: SynAG.) einer präzisen Erklärung bedarf, ob der Austritt aus dieser oder aus dem Judentum überhaupt beabsichtigt werde. Unter Hervorhebung dieses rechtlichen Gesichtspunktes ist der Antragsteller daher durch Zwischenverfügung zur Stellung eines entsprechenden Antrages anzuhalten. Das Gleiche gilt von Anmeldungen des Austrittes aus der „jüdischen Gemeinde“, da erfahrungsgemäß hierunter oft der Austritt aus dem Judentum überhaupt gemeint ist.

Besonderen Formvorschriften unterliegt der Antrag im übrigen nicht, insbes. bedarf es nicht des Gebrauches des Wortes „Antrag“. Es ist vielmehr mit Rücksicht auf § 133 BGB., wonach bei der Auslegung einer Willenserklärung der wirkliche Wille zu erforschen und nicht an dem buchstäblichen Sinne des Ausdrucks zu haften ist, jede Erklärung, aus welcher die Aus- oder Übertrittsabsicht in irgendeiner Weise zweifelsfrei erhellt, als ausreichend zu erachten; z. B. (aus der Praxis): „Ich melde meinen Austritt aus der . . . Kirche an.“ „Ich bitte meinen Austritt zu notieren“, — „in das Kirchenregister einzutragen“, — „in den Akten zu vermerken“, — „zur Kenntnis zu nehmen“, — „gerichtlich zu bestätigen“, — „ihm Rechtskraft beizulegen“ (s. o. A. 16 zu § 1), „einen Termin (unzulässig, s. u. A. 8) zur Entgegennahme der Austrittserklärung anzuberaumen“ usw. Auch das amtliche Formular des AG. Berlin-Mitte (s. u. V Formular 1) enthält im übrigen nicht das Wort Antrag.

3. Vorangehen. Durch das Erfordernis eines vorgängigen Antrages tritt eine Zweiteilung (Cäsur) des Verfahrens ein. Dieses gliedert sich daher in:

a) das (präparatorische) Antragsverfahren;

b) das (definitive) Austrittsverfahren.

Über die Fristen s. u. A. 11.

4. Richter. Die Bekanntmachung hat durch den Richter (nicht durch den Gerichtsschreiber) zu erfolgen. Dieselbe (s. u. A. 8) ist daher durch den Richter eigenhändig zu unterzeichnen (vgl. AGGerSchrGeschO. § 13 Abs. 4 Satz 1). Die Übertragung der Vollziehung auf den Gerichtsschreiber durch den Richter auf Grund der AVf. 7. 11. 10 (s. u. A. 15) B 5 ist unzulässig, da nach AGGerSchrGeschO. § 13 Abs. 5 die besonderen Vorschriften, durch die für gewisse Arten von Schriftstücken der Richter ausdrücklich als die zur Vollziehung zuständige Person bezeichnet ist, — was hier zutrifft —, unberührt bleiben.

5. Vorstand der Kirchengemeinde. An diesen, nicht an den Geistlichen als solchen, hat in Abweichung von § 17 V. 30. 3. 47 (GS. 125 f.), welcher die Bk. an den letzteren vorschrieb und somit „augenscheinlich der seelsorglichen Einwirkung auf denjenigen, welcher auszutreten beabsichtigt, Raum zu gewähren" bezweckte (Mot. 437), die Bk. zu erfolgen, weil KAG. damit den Schein vermieden wissen wollte, als ob die Anzeige behufs Herbeiführung einer solchen Einwirkung erfordert werde (Hinschius S. 176; L. 4, 187; R. 27). Praktisch ist ein Unterschied jedoch rgm. nicht vorhanden, da sowohl in der evangel. wie in der kathol. K. rgm. der Pfarrer den Vorsitz im Kirchenvorstande führt (vgl. z. B. Kirch. u. SynodalO. § 8 sowie ferner im einzelnen Hinschius S. 176 f.). Ist ein Vorstand nicht vorhanden (wie z. B. rgm. bei Militär- u. Anstaltsgemeinden: vgl. Trusen 84), so ist die Bk. an den kompetenten Geistlichen zu richten; bz. der Ermittelung dess. s. u. A. 6. Bei mehrfachem Wohnsitz hat die Bk. an den Vorstand aller zuständigen Parochien zu erfolgen. Selbstverständlich ist und bleibt es im übrigen trotz der geänderten Gesetzesfassung Recht und rgm. auch Pflicht des Geistlichen oder des sonstigen dazu bestellten Organes (Gemeindehelfer usw.), eine (möglichst mündliche, ev. schriftliche) Ein-

wirkung auf den Apostaten bz. des Verbleibens in der K. zu versuchen; für den schriftlichen Weg vorbildlich: (eingehendes generelles) Schreiben des Gemeindekirchenrats der evangel. Luisenkirche in Charlottenburg.

6. Angehört. Die Bk. hat an den Vorstand derjenigen Kirchengemeinde zu erfolgen, welcher der Antragsteller angehört, nicht auch an den Vorstand derjenigen Kirch.Gem., zu welcher der Antragsteller etwa übertreten will, da die Rechtsfolge des Aus- bzw. Übertritts (Befreiung v. d. kirchl. Leistungen, § 3 KAG., s. u.) nur die Austrittskirche berührt.

Die Zuständigkeit der Kirchengemeinde wird (wie diejenige des Gerichts, s. o. A. 8 u. 9 zu § 1) durch sachliche und örtliche Momente bestimmt.

a) Die sachliche Zuständigkeit wird durch die Konfession des Antragstellers, d. h. die Zugehörigkeit desselben zu einer bestimmten K. oder sonstigen Rel.Gemeinsch. (evangel., kathol. K., Judentum usw.) begründet. Zur „evangel. K." gehören alle Personen, welche einer evangel. Landeskirche innerhalb des Deutschen Reiches angehören, gleichgiltig, ob sie Lutheraner oder Reformierte sind und ob die Kirchengemeinde zur Union gehört oder nicht; decken sich die Bezirke einer luth. und einer ref. Kirch.Gem., so wird die Kirchengemeindezugehörigkeit eines Lutheraners oder eines Reformierten außer durch den Wohnsitz durch das Sonderbekenntnis bestimmt; dies gilt auch für die Rheinprovinz und Westfalen (Pr.OVG. 15. 5. 08 Pr.OVG. 52, 233 f.; vgl. auch Crisolli-Schultz 15). Die Kirchengemeindezugehörigkeit einer der Union angehörenden Kirch.Gem. erwirbt jeder Lutheraner oder Reformierte dadurch, daß er innerhalb derselben seinen Wohnsitz nimmt; die Kirchengemeindezugehörigkeit einer der Union nicht angehörenden Kirch.Gem. eines evangel. Sonderbekenntnisses erwirbt der Bekenner eines anderen evangel. Sonderbekenntnisses durch Wohnsitznahme nicht (Pr.OVG. 15.5.08 Pr.OVG. 52, 244 f.). Diejenigen Personen, welche der ev.-luth. oder der ref. K. einer der neuen Provinzen oder eines der außerpreuß. Bundesstaaten (insbes. des Königr.

Sachsen) angehörten, werden durch Übersiedelung in die älteren Provinzen daher Mitglieder der unierten evangel. Landeskirche; insbes. werden somit die Angehörigen einer Landeskirche luther. Bekenntnisses nicht Mitglieder der von der Union sich getrennt haltenden Lutheraner, sog. Altlutheraner, s. u. A. 3b zu § 8 (vgl. ungedrucktes Schreiben des Konsistoriums d. Prov. Brandenburg v. 11. 3. 08, K. I. 1896, sowie Braun 421). Die Bk. hat demnach in allen diesen Fällen sowie in allen sonstigen Fällen, in denen sich der Antragsteller als „lutherisch (evangelisch-lutherisch)“ oder „reformiert (evangelisch-reformiert)“ bezeichnet, entgegen der früher herrschenden Praxis an den Vorstand der Ortsgemeinde (s. u. b) der evangel. Landeskirche zu erfolgen, wenn nicht die Zugehörigkeit des Antragstellers zu einer nicht zur Landeskirche gehörenden Rel.Gemeinsch. aus sonstigen Umständen (z. B. Beifügung einer Bescheinigung über die Zugehörigkeit zu einer Altlutheranergemeinde der älteren Provinzen; ungedrucktes Verzeichnis dieser Gemeinden i. J. 1911 — 38. 137 — i. d. Akten K. I. 515 des Konsistoriums d. Prov. Brandenburg) sich ergibt (vgl. ungedruckte Vf. d. KGPr. 25. 5. 08, I. K. 12). — Bz. der Anglikaner vgl. Pr.OVG. 22. 6. 09. Pr.OVG. 54, 208f. u. Braun 423; bz. der Französisch-Reformierten Pr.OVG. 27. 9. 04 Pr.OVG. 46, 163f. u. Crisolli-Schultz 21; bz. der Holländisch-Reformierten Pr.OVG. 19. 4. 10 DJZ. 1911, 97; bz. der auf einen räuml. Bezirk beschränkten Rel.Gemeinschaften, insbes. der Wallonischen Gemeinde zu Hanau: Pr.OVG. 29. 9. 09 Pr.OVG. 54, 222f.; bz Sonderverhältnisse im Konsistorialbezirk Cassel Pr.OVG. 26. 5. 08 u. 27. 4. 09 Pr.OVG. 52, 262f. u. 54, 189f.

b) Die örtliche Zuständigkeit wird durch den Wohnsitz (s. o. A. 5e zu § 1) in der betr. Kirchen- (Synagogen- usw.) Gemeinde begründet. Dieselbe ist von Amtswegen zu ermitteln. Für Groß-Berlin ist sie wie folgt festzustellen:

α) für die evangel. K. aus dem (jährlich erscheinenden) „Führer durch die evangelische Kirche und die gesamte Liebesarbeit in Berlin", bearbeitet und herausgegeben vom Berliner Hauptverein für Innere Mission (Verlag von K. J. Müller, Evangel. Buch- u. Kunsthandlung, in Berlin);

β) für die kathol. K. (zugleich für den ganzen Umfang der die Provinzen Brandenburg und Pommern umfassenden Fürstbischöfl. Delegatur) aus dem (jährlich erscheinenden) „Amtlichen Führer durch die Fürstbischöfliche Delegatur", Wegweiser durch die kirchlichen, sozialen und charitativen Einrichtungen Berlins und der Delegatur (Verlag der Germania, A.G , in Berlin);

γ) Der Bezirk der jüdischen Gemeinde in Berlin umfaßt die in den Bk. des Polizeipräsidenten v. 14. 3. 06 (Amtsbl. zu Potsdam 99) und (ergänzend) 9. 5. 09 (Amtsbl. zu Potsdam 241) aufgeführten — zZ. 58 — Ortschaften.

Läßt sich die zuständige Kirchen- usw. Gemeinde (z. B. infolge Neuanlegung, Umbenennung, Neuabgrenzung von Ortschaften, Straßen oder Kirchen bzw. Kirchengemeinden) nicht zweifelsfrei feststellen, so ist dieselbe durch Einholung einer amtlichen Auskunft der Staats-, Kommunal- oder Kirchenbehörden zu ermitteln. Dieses hat mit Rücksicht darauf, daß die Frist nicht etwa erst mit Eingang der Auskunft, sondern bereits mit Eingang des Antrages auf Aufnahme der Austrittserklärung zu laufen beginnt (s. u. A. 12b β), mit der größten Beschleunigung zu geschehen.

Bei Personen, welche sich zZ. außerhalb ihres Wohnsitzes aufhalten (Arbeiter, Gewerbegehilfen, Studierende, Schüler usw., s. o. A. 9 und 10 zu § 1) und deren Erklärung daher im Wege der Rechtshilfe (s. o. a.a.O.) entgegenzunehmen ist, oder welche sich, wenn auch vielleicht am Wohnsitze selbst, in einer personellen oder lokalen Sondergemeinschaft befinden (Militärpersonen, Straf- und Untersuchungsgefangene, Fürsorgezöglinge, Krankenhausinsassen usw., s. o. A. 9 zu § 1), erscheint es zweckmäßig, neben dem Vorstande der Kirch.Gem., welcher der Antragsteller kraft seines — die örtliche Zuständigkeit des Gerichts begründenden (s. o. a.a.O.) — Wohnsitzes angehört, auch dem Vorstande der Kirch.Gem. des Aufenthaltsortes bzw. der Anstalts- usw. Gemeinde, in dessen Ermangelung dem ersten Anstaltsgeistlichen (dem Militärgeistlichen usw., s. o. A. 5) seiner bisherigen Konfession Nachricht zu geben, damit diesem die Möglichkeit einer seelsorgerischen Einwirkung gewährt wird, welche dem Geistlichen der ordentlichen Kirch.Gem. nach Lage der Sache rgm. nicht oder nicht in ausreichender Weise gegeben ist. Läßt sich nicht mit Sicherheit feststellen, an wen die Nachricht zu richten ist, so ist auch hier die amtliche Auskunft der Staats- usw. Behörden sowie der Anstalts- (Militär- usw.) Behörden zu erfordern; ev. ist die Nachricht letzteren Behörden mit dem Ersuchen um Übermittelung an die zuständige Stelle zu übersenden. Auch hier ist mit Rücksicht auf das oben Ausgeführte auf die größte Beschleunigung Bedacht zu nehmen.

7. Ohne Verzug (AusfV. Nr. 2 Abs. 1 Satz 2, s. u. III 1: „unverzüglich"; vgl. § 121 BGB.: = ohne schuldhaftes Zögern): d. h. mit der größten nach Maßgabe des Geschäftsganges möglichen Beschleunigung. Es soll dem Vorstande der Kirch.Gem. rechtzeitig Gelegenheit gegeben werden (z. B. bei angemeldeten Massenaustritten), seine Maßnahmen zu treffen. Zugleich soll dadurch aber auch den kirchl. Organen die Möglichkeit einer — trotz Vermeidung der formellen Hervorhebung durch KAG. (s. o. A. 5) mit Rücksicht auf den Ernst und die Bedeutung des Schrittes materiell wünschenswerten — rechtzeitigen kirchl. Einwirkung auf den Antragsteller gewährt werden.

8. Bekanntmachung.

a) Form: AusfV. Nr. 2 Abs. 1 Satz 2, s. u. III 1: der Antrag ist „in Abschrift nachträglich zuzustellen". Die Bk. erfolgt somit durch Zustellung (nicht: bloße Übersendung) einer Abschrift des Antrages, deren Beglaubigung durch den Gerichtsschreiber (im Gegensatze zur Abschrift des Protokolls, s. u. A. 15) es hingegen nicht bedarf, unter Beifügung eines (vom Richter persönlich zu unterzeichnenden,

s. o. A. 4) Begleitschreibens. Formular: s. u. V Nr. 3. Über die Zustellung ist eine Bescheinigung zu den Akten zu bringen (AusfV. Nr. 2 Abs. 3). Die Vorschrift des Abs. 1 Satz 2 § 2 KAG. ist jedoch eine lex imperfecta: eine bestimmte Folge der Unterlassung der Bk. ist im Gesetze nicht vorgesehen. Die Aufnahme der Austrittserklärung kann daher vom Richter trotz Unterlassung der Bk. nicht abgelehnt werden (zustimmend: Hinschius S. 177; L. 4, 187; R. 27; Schmidt 159) und wird in ihrer Rechtswirksamkeit durch die Unterlassung nicht berührt.

b) Benachrichtigung des Antragstellers. Dem Antragsteller ist von der Bk. unter Bezeichnung des Tages, an welchem sein Antrag eingegangen ist, Kenntnis zu geben (AusfV. Nr. 2 Abs. 1 Satz 3, s. u. III 1); die Unterzeichnung des Benachrichtigungsschreibens hat, da dieses an eine Privatperson gerichtet ist (im Gegensatze zu den Nachrichten von dem Antrage u. der definitiven Austrittserklärung an die K., s. o. A. 4; s. u. A. 15) durch den Gerichtsschreiber zu erfolgen, falls der Richter sich nicht im einzelnen Falle die Vollziehung vorbehält (AGGerSchreibGeschO. § 13 Abs. 1). Die Anberaumung eines Termins findet nicht statt, um den darin liegenden Antrieb zur Abgabe der Austrittserklärung zu vermeiden; es steht vielmehr dem Antragsteller frei, sich an jedem Geschäftstage, welcher in die 14 tägige Erklärungsfrist (s. u. A. 11) fällt, zur Abgabe der Aus(Über)trittserklärung an der Gerichtsstelle zu melden (AusfV. Abs. 2 Satz 1 u. 2, s. u. III 1). Die Ladung des Antragstellers auf einen bestimmten Termin ist daher unzulässig, zulässig dagegen die Mitteilung bestimmter Geschäftstage oder -stunden zwecks Entgegennahme der Erklärung; s. u. V Formular 3. Die kalendarische Angabe der Frist („vom — bis“) ist nicht vorgeschrieben, jedoch zwecks Vermeidung einer falschen Berechnung durch den Antragsteller zweckmäßig und daher auch in das Formular aufgenommen (vgl. a.a.O.). Die Angabe der Frist hat jedoch lediglich deklaratorische, nicht konstitutive Bedeutung; maßgebend ist bei unrichtiger Fristangabe die der Bestimmung des § 2 Abs. 2 Satz 1 KAG. (s. u. A. 11) tatsächlich entsprechende Frist. Erscheint der Antragsteller daher nach Ablauf der ihm mitgeteilten, aber innerhalb der richtigen Frist (z. B. wenn eine an sich an einem Sonn- oder Feiertag ablaufende Frist im Benachrichtigungsschreiben nicht auf den nächsten Werktag verlängert ist, s. u. A. 11 II 5), so ist die Erklärung entgegenzunehmen; erscheint der Antragsteller innerhalb der ihm mitgeteilten, aber nach Ablauf der richtigen Frist, so ist die Aufnahme der Erklärung abzulehnen. — In Ausnahmefällen, — z. B. bei Entgegennahme der Erklärung in der Wohnung des Antragstellers, im Gefängnisse usw. (Lokaltermin, s. o. A. 6—7 III zu § 1), sowie bei erforderlicher Ladung eines Dolmetschers (s. u. A. 13b ε u. η), — wird sich freilich die Fixierung eines bestimmten Termins, ev. nach vorgängiger Verständigung mit dem Antragsteller bzw. der Gefängnisverwaltung usw., nicht umgehen lassen.

9. Austrittserklärung. Die Aus(oder Über)trittserklärung muß unbedingt (zustimmend Schmidt 237, 247f.) und unbefristet sein. Die Beweggründe derselben (rel. Bedenken, Befreiung von Kirchensteuern usw.) sind gleichgiltig; sie bedürfen weder der Angabe noch der Aufnahme (anders bei dem Austritt aus der Synagogengemeinde: SynAG. §§ 1, 2, s. u. III 2). Sie muß unzweideutig die Absicht erkennen lassen, aus der ganzen Kirchengesellschaft (Religionsgemeinschaft), nicht aus einer Gliederung innerhalb derselben auszutreten; eine Erklärung z. B., „aus der hiesigen evang.-luth. Staatskirche“ auszutreten, ist somit unwirksam (AppG. Kiel 31. 10. 74 und 22. 5. 75 AppGZ. 5, 27f.).

10. Mußvorschrift. Abweichung ist unzulässig und unwirksam (s. u. A. 11).

11. Frist.

I. Die Abgabe der Aus(Über)trittserklärung ist erst nach

Ablauf einer bestimmten Frist zulässig. Es entstehen dadurch (entsprechend der Scheidung des Verfahrens in Antrags- und Austrittsverfahren, s. o. A. 3), tatsächlich (nicht rechtlich, s. u.) zwei Fristen:

a) Die (rein tatsächliche, s. u. II 3) Überlegungs (Deliberations)frist. Diese beginnt mit der Stellung des Antrages und endet mit dem Beginne der Erklärungsfrist (s. u. b). Zweck dieser (erst durch die Kommission d. AbgH., s. o. Einl. A § 2, eingeführten) Frist: Vermeidung der „Erschütterung aller Parochialverhältnisse“ durch übereilte Austritte, der „Auflösung ganzer Pfarr- und Kirchensysteme“ durch Massenaustritte infolge Agitation (Komm.Ber. d. AbgH. 1872/73 Bd. II Nr. 247 S. 1121). Zugleich wird dadurch aber natürlich einerseits dem Antragsteller auch in seinem eigenen Interesse die Möglichkeit einer ruhigen Überlegung seines ernsten Schrittes und anderseits der Kirche die Möglichkeit einer geeigneten Einwirkung auf den Antragsteller (s. o. A. 5) gegeben. Im Gegensatze zu § 17 V. 30. 3. 1847 wird jedoch nicht eine — durch die Deliberationsfrist getrennte — doppelte Austrittserklärung (s. o. Einl. A § 2), sondern nur die Stellung des Antrages auf Entgegennahme einer solchen erfordert, „da die zweimalige Abgabe ein und derselben Erklärung vor Gericht eine Präsumtion der Übereilung enthalte, welche für gesetzte Personen etwas Verletzendes haben müsse“ (Komm.Ber. a.a.O.).

b) Die Erklärungsfrist. Diese beginnt nach dem Ablaufe von vier Wochen und endet mit dem Ablaufe von sechs Wochen seit Ablauf des Tages (Pr.FGG. Art. 1 a. E., RFGG. § 17 Abs. 1, BGB. § 187 Abs. 1), an welchem der Antrag bei Gericht (s. u. A. 12) eingegangen ist, d. h. sie beginnt mit dem 29. und endet mit dem 42. Tage nach Ablauf des Eingangstages, einschließlich des 29. und 42. Tages.

II. Einfluß von Sonn- und Feiertagen auf den Lauf der Fristen.

1. Ein an einem Sonn- oder Feiertage eingehender Antrag wird wie ein an einem Werktage eingehender Antrag behandelt, da die Überlegungsfrist (s. o.) erst mit dem darauf folgenden Tage zu laufen beginnt.

2. Ein in den Beginn oder in den Lauf der Überlegungsfrist fallender Sonn- oder Feiertag ist gleichfalls bedeutungslos. Er hemmt weder den Beginn noch den Lauf der Fristen, wird vielmehr wie ein Werktag behandelt.

3. Ein auf den letzten Tag der Überlegungsfrist fallender Sonn- oder Feiertag kommt ebenfalls nicht in Betracht, da diese Frist vom KAG. nicht als besondere Frist behandelt wird und daher keine Frist im technischen Sinne ist, vielmehr sich nur als eine rein tatsächliche Zwischenzeit (intervallum) darstellt, die sich lediglich durch die Hinausschiebung der Erklärungsfrist, der einzigen technischen Frist des KAG., herausbildet. Die für die Berechnung der Fristen maßgebenden gesetzl. Vorschriften (s. u. 5) kommen daher auf sie nicht zur Anwendung.

4. Ein in den Beginn oder in den Lauf der Erklärungsfrist fallender Sonn- oder Feiertag: es gilt das Gleiche wie oben zu 2.

5. Fällt dagegen der letzte Tag der Erklärungsfrist auf einen Sonn- oder staatlich anerkannten allgemeinen Feiertag, so läuft die Frist erst am nächstfolgenden Werktage ab (Pr.FGG. Art. 1 a.E., RFGG. § 17, BGB. § 193). Würde daher die Frist z. B. am 26. Dezember (zweiten Weihnachtsfeiertage) enden, so läuft sie erst am 27. Dezember (bzw. falls dieses ein Sonntag ist, am 28. Dezember) ab. Würde sie am 25. Dezember (ersten Weihnachtsfeiertage) enden, so läuft sie gleichfalls erst am 27. (bzw., s. o., 28.) Dezember ab. Zur Berechnung der Frist dient die unten unter IV beigefügte Tabelle. Bei den unbeweglichen Festen (Neujahr, Weihnachten) ist die Verlängerung der Frist bereits in der Tabelle berücksichtigt. Bei allen anderen (den beweglichen Festen) sowie bei den Sonn-

tagen ist, — da alljährlich wechselnd und daher nicht allgemein bestimmbar, — das Ende der Frist auf den nächsten Werktag festzusetzen; ebenso sind (s. o.) die für Weihnachten und Neujahr in die Tabelle eingesetzten (verlängerten) Fristen um je einen weiteren Tag zu verlängern, falls der 27. Dezember bzw. der 2. Januar auf einen Sonntag fallen. Eine irrtümliche Nichtverlängerung der Frist in dem Benachrichtigungsschreiben an den Antragsteller (s. o. A. 8b) oder durch Aktennotiz ist jedoch insofern praktisch unschädlich, als die Aufnahme der Erklärung auch trotz der (rein deklaratorischen) Fristangabe in diesem Schreiben usw. zu erfolgen hat, falls der Antragsteller am nächsten Werktage tatsächlich noch erscheint (s. o. a.a.O.).

III. Die Erklärungsfrist ist im gewissen Sinne eine Notfrist.

a) Ihre Innehaltung ist von Amts wegen auf das strengste zu beachten, da ihre Verletzung die unbedingte und unheilbare Nichtigkeit der Aus(Über)trittserklärung zu Folge hat.

b) Sie ist einer Abänderung durch den Richter entzogen. Insbes. ist eine Verlängerung oder Abkürzung derselben, auch in Notfällen, unzulässig (Pr.OVG. 14. 9. 85 Pr.OVG. 12, 241). Die hierauf gerichteten Anträge sind daher unter Hinweis hierauf durch formellen Beschluß oder durch formlose Verfügung, insbes. z. B. durch Zusatzbemerkung in dem Benachrichtigungsschreiben (s. o.), zurückzuweisen; geeignetenfalls (z. B. bei Abkürzungsanträgen bz. Übertritten auf dem Sterbebette) empfiehlt sich der Hinweis, daß der kirchl. Übertritt bereits volle Rechtswirksamkeit besitze und die gerichtl. Beurkundung nur die vermögensrechtl. Seite betreffe (s. o. A. 16 zu § 1). Eine Verlängerung der Frist ist auch dann unzulässig, wenn der Antragsteller rechtlich nicht in der Lage ist, die Erklärung innerhalb der Frist abzugeben (z. B. bei Übertritten von Strafgefangenen gemäß § 161 Abs. 3 der Dienstordnung der dem Ministerium des Innern unterstellten Strafanstalten und Gefängnisse: dreimonatl. Beobachtung durch den Geistlichen ihres Bekenntnisses und sodann Bericht an den Minister unter Angabe der für die Übertrittsabsicht vorliegenden Gründe); es ist dann nochmalige Anmeldung erforderlich.

c) Die Frist läuft auch in den Gerichtsferien (Pr.AG.GVG. § 91 Abs. 1 Satz 1; Pr.OVG. 14. 9. 85, Pr.OVG. 12, 238 f.).

d) Eine Wiedereinsetzung in den vorigen Stand findet dagegen im Gegensatze zu den (eigentlichen) Notfristen der streitigen Gerichtsbarkeit (ZPO. §§ 233 f.) mangels einer gesetzlichen Bestimmung nicht statt.

12. Eingang des Antrages.

a) Maßgebend für den Beginn der Fristen ist der Eingang des Antrages. Hierunter ist unzweifelhaft der Eingang des Antrages bei Gericht zu verstehen, und zwar bei dem zuständigen Gericht. Geht daher der Antrag bei einem unzuständigen Gericht oder bei einer anderen Behörde (Vorstand der Kirchengemeinde, Polizeibehörde, Standesamt usw.) ein, — welche ihn entweder zurückzusenden oder mit Abgabenachricht weiterzugeben haben, — so beginnt die Frist erst mit dem Eingange des Antrages bei dem zuständigen Gericht zu laufen. Geht dagegen der Antrag bei dem zuständigen Gericht, aber z. B. bei einem in mehreren Gebäuden residierenden Gericht in einem falschen Gebäude ein (z. B. in Groß-Berlin statt in den Ziviljustizgebäuden, wie oft, bei dem Kriminalgericht), oder gelangt er an eine falsche Abteilung oder sonstwie infolge eines Versehens oder Verzögerung im Dienstbetriebe verspätet an die zuständige Abteilung, so beginnt gleichwohl die Frist mit dem Eingange des Antrages bei dem Gericht als solchem, nicht erst mit dem Eingange bei der zuständigen Abteilung zu laufen, da das Gericht nach außen hin als Einheit gilt, die Geschäftsverteilung usw. daher lediglich eine Angelegenheit des internen Dienstbetriebes ist.

b) Sind vor Erledigung des Antrages noch im Wege der Zwischenverfügung oder in sonstiger Weise Anstände zu beseitigen, so ist zu unterscheiden:

α) Ist der Antrag unvollständig (z. B. infolge Nichtangabe der bisherigen Religionsgemeinschaft), so beginnt die Frist erst mit Behebung des Anstandes zu laufen, da AusfB. Nr. 2 Abs. 1 Satz 2 (s. u. III 2) die weiteren gerichtlichen Maßnahmen davon abhängig macht, daß „der Antrag als vollständig befunden" wird, vor Vervollständigung des Antrages daher ein Antrag im Sinne des Gesetzes nicht vorliegt.

β) Ist der Antrag vollständig, sind aber andere Anstände vorhanden (z. B. Zweifelhaftigkeit des Umstandes, ob die betr. Rel.Gemeinsch. Korporationsrechte i. S. des § 8 KAG. besitzt, vgl. z. B. A. 3 zu § 8: spezielle Verleihung an Mennoniten- oder Baptistengemeinden erforderlich), so beginnt, infolge der Vollständigkeit und Ordnungsmäßigkeit des Antrages selbst, die Frist bereits mit dem Eingange desselben zu laufen. Zwecks Wahrung der Frist ist daher auf die Beseitigung der Anstände (durch Einholung amtlicher Auskünfte usw.) mit der größtmöglichen Beschleunigung hinzuwirken. Ist die Behebung der Anstände vor Ablauf der Erklärungsfrist nicht möglich, so hat die Aufnahme der Erklärung, — sofern sie nicht etwa aus besonderen Gründen offenbar ungiltig und daher nach Pr.FGG. Art. 40 Abs. 2 abzulehnen ist oder sofern die Giltigkeit der Erklärung durch den Anstand nicht berührt wird (z. B. Nichtbenachrichtigung des Vorstandes der örtlich zuständigen Kirch.Gem. infolge Nichtfeststellbarkeit derselben, s. o. A. 6b u. 8a), — unter Beobachtung der in Pr.FGG. Art. 40 Abs. 1 vorgeschriebenen Form zu erfolgen: Mitteilung des Zweifels an der Giltigkeit der Erklärung an den Austretenden und Aufnahme des Inhalts der Mitteilung und der von dem Austretenden darauf abgegebenen Erklärungen in das Protokoll. Die Erteilung der Bescheinigung ist dagegen erst nach Behebung des die Rechtswirksamkeit der Erklärung in Frage stellenden Anstandes zulässig.

13. Zu gerichtlichem Protokoll.

a) Mitwirkende Personen. Die Aufnahme der Erklärung findet zu gerichtlichem Protokoll, d. h. zu

Protokoll des Richters, nicht auch des Gerichtsschreibers oder des Notars (s. o. A. 8a zu § 1), statt. Der Hinzuziehung eines Gerichtsschreibers bedarf es nicht, vielmehr kann das Protokoll vom Richter allein aufgenommen werden. Im allgemeinen soll die Hinzuziehung eines Gerichtsschreibers (arg. e contr.: Pr.FGG. Art. 2 Abs. 2) zwecks Vermeidung von Störungen in der Erledigung der Bureaugeschäfte unterbleiben; erfolgt sie jedoch, so wird dadurch die Giltigkeit der Austrittserklärung nicht berührt. Sie kann ohne weiteres erfolgen, „wenn sie zur sachgemäßen Erledigung des Geschäfts zweckmäßig ist" (Pr.FGG. Art. 2 Abs. 2; vgl. z. B. bei Schreibensunfähigen, s. u. b). Ist ein Beteiligter nach der Überzeugung des Richters, taub, blind, stumm oder sonst am Sprechen (z. B. infolge eines Schlaganfalls) verhindert, so muß der Richter einen Gerichtsschreiber oder zwei Zeugen zuziehen (RFGG. § 169; auch auf das, wie hier, der Landesgesetzgebung vorbehaltene Gebiet anwendbar: Schultze-Oberneck 2, 99). Ist ein Protokollführer nicht hinzugezogen, so ist bei umfangreichen Verhandlungen der Richter befugt, die Kanzlei zum Diktat heranzuziehen (AVf. 9. 11. 10, JMBl. 393 f., Nr. 5 Abs. 1g). Die Vorbereitung der Verhandlungen und Verfügungen, betr. Austr. aus d. K., durch Anfertigung von Entwürfen kann durch die Aufsichtsbehörde (OLGPr. oder LGPr., bei AG. Berlin-Mitte AGPr.: AVf. a.a.O. Nr. 6 Satz 3) dem Gerichtsschreiber übertragen werden (AVf. a.a.O. Anlage V Nr. 14); überschreitet jedoch die Dauer einer vom LGPr. oder AGPr. angeordneten Maßnahme die Dauer von drei Monaten, so ist dem OLGPr. Anzeige zu machen (AVf. a.a.O. Nr. 6 Satz 4). Diese AVf. ist am 1. 1. 11 in Kraft getreten (AVf. a.a.O. Nr. 15). — Bz. der Ablehnung bzw. Selbstenthaltung des Richters s. o. A. 8f β zu § 1. Bz. des Ausschlusses des Richters kraft Gesetzes sowie bz. des Gerichtsschreibers und eines Zeugen (s. o. und u.) sind die (auch auf das der Landesgesetzgebung vorbehaltene Gebiet zur Anwendung kommenden, s. o.) Spezialbestimmungen der §§ 170, 172, 173 RFGG. maßgebend; eine Verletzung der Vorschriften der §§ 170, 172 hat die unbedingte Nichtigkeit der Erklärung zur Folge (Schultze-Oberneck 1, 339, 341). Die bei der Beurkundung mitwirkenden Personen müssen bei der Vorlesung, Genehmigung und Unterzeichnung des Protokolls zugegen sein (§ 174 RFGG., anwendbar wie oben).

b) Das Protokoll unterliegt im übrigen den (auch hier anwendbaren, s. o.) Vorschriften der §§ 175f. RFGG. sowie den diese ergänzenden Bestimmungen der Art. 40f. Pr.FGG. Hiernach gilt unter Berücksichtigung der Besonderheit der Materie folgendes:

α) Das Protokoll muß (auch bei Sprachfremden, s. u. η) in deutscher Sprache aufgenommen werden (RFGG. § 175).

β) Das Protokoll muß enthalten: 1. Ort und Tag der Verhandlung; 2. die Bezeichnung des Beteiligten (= des Erklärenden: RFGG. § 168 Satz 2) und der bei der Verhandlung mitwirkenden Personen (Richter, ev. Gerichtsschreiber, Dolmetscher usw.); 3. die Erklärung des Beteiligten (Erklärenden). Wird in dieser auf eine Schrift Bezug genommen und diese dem Protokoll als Anlage beigefügt (z. B. eine bei den Akten verbleibende Bescheinigung), so bildet sie einen Teil des Protokolls. Das Protokoll soll eine Angabe darüber enthalten, ob der Richter den Erklärenden kennt oder, sofern dies nicht der Fall ist, in welcher Weise er sich Gewißheit über seine Persönlichkeit verschafft hat. Kann der Richter sich diese Gewißheit nicht verschaffen, wird aber gleichwohl die Aufnahme der Verhandlung verlangt, so sollen der Sachverhalt und dasjenige, was zur Feststellung der Persönlichkeit beigebracht ist, in das Protokoll aufgenommen werden (RFGG. § 176). Das Gleiche gilt von der Feststellung der Zugehörigkeit des Erklärenden zu der Kirche oder sonstigen Rel.Gemeinsch., aus welcher er seinen Austritt erklärt (s. u. δ).

γ) Das Protokoll muß vorgelesen, von dem Erklärenden genehmigt und von ihm eigenhändig unterschrieben sein. Im Protokoll muß festgestellt werden, daß dies geschehen ist. Das

Protokoll soll dem Erklärenden auf Verlangen auch zur Durchsicht vorgelegt werden. Erklärt dieser, daß er, — sei es infolge Schreibensunkunde, sei es infolge Schreibunfähigkeit durch Schwäche, Lähmung usw., — nicht schreiben könne, so muß diese Erklärung im Protokolle festgestellt werden. Bei der Vorlesung und der Genehmigung muß der Richter einen Zeugen zuziehen; in den Fällen des § 169 RFGG. (s. o. a: also wenn in den dort bezeichneten Fällen bereits ein Gerichtsschreiber oder zwei Zeugen zugezogen sind), bedarf es dieser Zuziehung nicht; das Gleiche gilt, wenn in anderen Fällen ein Gerichtsschreiber zugezogen wird (§ 177 Abs. 1—2 RFGG.). Hierzu ist im Falle der Schreibunfähigkeit des Erklärenden der Richter stets ohne weiteres als ermächtigt anzusehen, weil diese Zuziehung zur sachgemäßen Erledigung des Geschäfts zweckmäßig ist (Pr.FGG. Art. 20 Abs. 2, s. o. a) Es ist daher im Interesse der Vereinfachung und Beschleunigung der Verhandlung ratsam, bei Schreibensunfähigen (Analphabeten) aller Art stets einen Gerichtsschreiber hinzuzuziehen. Das Protokoll muß von den mitwirkenden Personen unterschrieben werden (§ 177 Abs. 3 RFGG.).

δ) Werden bei der Beurkundung der Austrittserklärung von dem Richter Wahrnehmungen gemacht, welche Zweifel darüber begründen, ob der Erklärende die zu dieser Erklärung erforderliche Geschäftsfähigkeit (vgl. BGB. §§ 104 f., s. o. A. 5a zu § 1) oder Einsicht (z. B. wegen jugendlicher Unreife) besitzt, oder bestehen sonstige Zweifel an der Giltigkeit der Erklärung (z. B. bz. Zulässigkeit derselben für ein Kind mit Rücksicht auf die Vorschriften der rel. Kindererziehung, s. o. A. 5b II zu § 1), so sollen die Zweifel dem Erklärenden mitgeteilt und der Inhalt der Mitteilung sowie die von dem Erklärenden darauf abgegebenen Erklärungen in dem Protokolle festgestellt werden (Pr.FGG. Art. 40 Abs. 1). In dieser Hinsicht ist zu beachten:

αα) Zu der von Art. 40 Abs. 1 PrFGG. erforderten „Einsicht" gehört auch der Ernst und die Wohlüberlegtheit der auf den Austritt aus der K. gerichteten Absicht.

Wenn daher auch das nunmehr in Geltung stehende Verhandlungsformular (s. u. V Formular 5) nicht mehr den im früher geltend gewesenen Formular enthaltenen Vordruck: „Es ist dies — d. h. der Austritt — noch jetzt (mein) Wille und erkläre (ich) daher ausdrücklich und wohlüberlegt (meinen) Austritt aus der ..... Kirche“ aufweist, so hat der Richter sich trotzdem von dem Vorhandensein dieser Voraussetzungen auf Grund seines persönlichen Eindruckes, ev. durch Stellung geeigneter Fragen und Hinweis auf die Bedeutung des Schrittes, zu überzeugen und bei Zweifel gemäß Pr.FGG. Art. 40 Abs. 1 (s. o.) zu verfahren. Besonders hat er bei jugendlichen Personen sich von dem Vorhandensein dieser Voraussetzungen, insbes. davon zu überzeugen, ob ein eigener und überlegter Entschluß oder lediglich Beeinflussung, ev. Zwang, durch Eltern, Arbeitsgenossen, Agitation usw. vorliegt (s. auch o. A. 5b I zu § 1).

ββ) Zur Giltigkeit der Erklärung gehört auch die Zugehörigkeit des Erklärenden zu derjenigen Rel.Gemeinsch., aus der er austreten will. Erforderlich ist demnach (z. B. vom AG. Berlin-Mitte in konstanter Praxis festgehalten; ferner zustimmend: Horn 440; a.M. KG. 30. 12. 07 KGJ. 35 A 51, wonach die Prüfung der Konfessionsangehörigkeit des Antragstellers nicht Sache des Richters ist) die Feststellung dieser Zugehörigkeit. Soweit diese dem Richter nicht zweifelsfrei bekannt ist, muß der Erklärende daher den entsprechenden Nachweis führen. Hierbei genügt aber rgm. der Nachweis der formellen (äußerlichen) Zugehörigkeit; die materielle Zugehörigkeit (z. B. Angehörigkeit zur evangel. K. trotz — durch Taufschein bezeugter — Taufe in der kathol. K. und umgekehrt infolge der Bestimmungen über die rel. Kindererziehung (s. o. A. 5 II A. 1b*β* zu § 1), ist rgm. nicht nachzuprüfen. Die Zugehörigkeit zur evangel. K. wird, wenn überhaupt, bereits durch die Taufe, nicht erst durch die Konfirmation begründet (Pr.OVG. 15. 11. 07 Pr.OVG. 51, 169f.); es genügt daher Vorlegung des Taufscheins. Ist aber Taufe und Konfirmation in verschiedenen Konfessionen erfolgt (z. B. luth. u. reform.), so entscheidet die Konfirmation (Pr.OVG. 7. 2. 99 Pr.OVG. 35, 177, 186); maßgebend ist daher bei Divergenz der Konfirmationsschein. Die Fortdauer der durch eine Urkunde bezeugten rel. Angehörigkeit (Nichtaustritt aus der betr. K.) wird vermutet. Als Urkunden über die rel. Angehörigkeit dienen daher insbes. der Taufschein (bei Christen aller Konfessionen) sowie der Konfirmations- (bei Protestanten) bzw. Kommunionsschein (bei Katholiken). In Ermangelung dessen ist eine Bescheinigung der kirchl. Organe über die kirchl. Zugehörigkeit des Erklärenden vorzulegen. Desgl. werden Militärpässe (nicht auch die einen Rel.Vermerk nicht enthaltenden Landsturmscheine), standesamtl. Heiratsurkunden, kirchl. Trauscheine (aber nur, wenn sie einen Vermerk bz. der Konfession der Nupturienten enthalten, da — vgl. z. B. evangel. Kirch.G., betr. die Trauungsordnung v. 27. 7. 1880, k. G. u. VBl. 109, § 11 — die Zugehörigkeit eines Gatten zur betr. Konfession zwecks Trauung in einer Kirche dieser Konfession genügt, insofern der andere Gatte Christ ist), Familienstammbücher, (rheinische) Haushaltungsbüchelchen, Quittungen (nicht auch die oft unrichtigerweise erfolgende Veranlagung) bz. Kirchensteuern u. dgl., wenn sie auch an sich keine zum Nachweise der Rel.Angehörigkeit bestimmte Urkunden sind, doch rgm. als ausreichend anzusehen sein. Geburtsurkunden sind, da sie nur die Konfession der Eltern, nicht auch diejenige des Kindes bezeugen, überhaupt kein Nachweis über die Rel.Angehörigkeit des letzteren, zumal infolge des freien rel. Bestimmungsrechtes des Vaters bz. des Kindes (s. o. A. 5b II A 1 zu § 1), doch wird auch hier rgm., insbes. bei konfessionell-einheitlichen Ehen, die Zugehörigkeit des Kindes zu der Konfession der Eltern bzw. des Vaters angenommen werden können. Alles dieses wird insbes. bei solchen Christen, die weder getauft noch konfirmiert usw. sind (s. o. A. 5c zu § 1), sowie bei Juden der Fall sein, da diese Personen weder einen Tauf- noch einen Konfirmationsschein usw. oder eine denselben entsprechende Urkunde besitzen. Ergibt sich aus den Angaben des Erklärenden, daß seine bisherige Rel.Angehörigkeit auf einem früheren Übertritt beruht, so ist die entspr. (kirchl. oder gerichtl., s. o. A. 16 zu § 1) Übertrittsbescheinigung vorzulegen; falls der Übertritt bei demselben Gericht erfolgt ist, genügt auch ev. die Bezugnahme auf die Sammelakten desselben (s. u. III 1: A. 4 zu Nr. 4 AusfB.). Kann der Nachweis der Rel.Angehörigkeit durch Urkunden nicht geführt werden, so kann der Richter hierüber geeignetenfalls Zeugen (z. B. über die erfolgte Taufe oder Konfirmation bzw. Kommunion) oder Sachverständige (z. B. über die Religionsgebräuche der Mennoniten) vernehmen oder von dem Erklärenden die Glaubhaftmachung einer tatsächlichen Behauptung (z. B. Konfirmation bzw. Kommunion) durch Abgabe einer Versicherung an Eidesstatt verlangen; bz. des Verfahrens s. o. A. 8g zu § 1. In jedem Falle kann jedoch der Richter (insbes. z. B. bei Nicht- oder Schwerbeschaffbarkeit von Beweismitteln usw.), falls er die Angaben des Erklärenden nach Lage der Sache für glaubhaft hält (ev. nach Stellung geeigneter Fragen), auf Grund des ihm analog der Bestimmung des § 286 ZPO. zuzubilligenden freien Beweiswürdigungsrechtes es bei den Angaben des Erklärenden genügen lassen und von einer Beweiserhebung (Urkunden, Zeugen, Sachverständige) oder Glaubhaftmachung (eidesstattliche Versicherung) absehen. Hält er die Rel.Angehörigkeit des Erklärenden für zweifelhaft, so darf er die Erklärung nicht ablehnen, sondern darf nur gemäß Pr.FGG. Art. 40 Abs. 1 (s. o.) verfahren. Zu einer Ablehnung ist er gemäß Abs. 2 a.a.O. nur bei zweifelloser Nichtangehörigkeit des Erklärenden berechtigt und zugleich auch verpflichtet (s. u.; insofern übereinstimmend KG. a.a.O. 49f.). Geeignetenfalls (z. B. bei drohendem Fristablauf) kann er dem Erklärenden die Nachreichung der vorerwähnten Urkunden nachlassen. Bei Beurkundungen von Übertritten bedarf es der Vorlegung der kirchl. Aufnahmebescheinigung; ev. kann auch hier, falls die Aufnahme in die K. bereits tatsächlich erfolgt ist, die Nachreichung der Aufnahmebescheinigung nachgelassen werden; ist die Aufnahme dagegen noch nicht erfolgt, so kann nur der Austritt aus der bisherigen K. aufgenommen werden; beharrt der Antragsteller bei seinem Antrage, so ist der letztere durch Beschluß zurückzuweisen. Eine Aufnahme der Übertrittserklärung unter Vorbehalt der Nachholung der kirchl. Aufnahme selbst ist unzulässig. — Zweckmäßigerweise ist (wie in den früheren Formularen bereits vorgedruckt) in dem Benachrichtigungsschreiben (s. o. A. 8b) ein die Vorlegung der erwähnten Urkunden betreffender Vermerk aufzunehmen, z. B. „Tauf- oder Konfirmations(Kommunions)schein ist im Termin vorzulegen", ebenso bei Übertritten der Hinweis darauf, daß die kirchl. Aufnahmebescheinigung im Termin vorzulegen sei, andernfalls nur der Austritt beurkundet werden könne. Verstößt der Inhalt der Austrittserklärung gegen ein Strafgesetz oder ist diese offenbar ungiltig (z. B. Austrittserklärung einer rel.-unmündigen Person durch diese selbst oder des Vaters für ein rel.-mündiges Kind; zweifellose Nichtangehörigkeit des Antragstellers zu der Kirche usw., aus welcher dieser austreten will, s. o.), so hat der Richter die Beurkundung abzulehnen (Pr.FGG. Art. 40 Abs. 2). Ist die Aufnahme jedoch entgegen diesen Bestimmungen erfolgt, so ist durch Beschluß die Austrittserklärung für unwirksam zu erklären und die ev. beantragte Erteilung einer Bescheinigung abzulehnen, bzw. ist die letztere bei bereits erfolgter Erteilung einzuziehen und zu kassieren.

ε) Ist nach der Überzeugung des Richters der Erklärende stumm oder sonst am Sprechen verhindert und eine schriftliche Verständigung mit ihm nicht möglich, so muß bei der Beurkundung ein vereideter Dolmetscher (s. u. η) zugezogen werden. Im Protokolle muß festgestellt werden, daß der Richter die Überzeugung gewonnen hat, daß der Beteiligte am Sprechen verhindert und eine schriftliche Verständigung mit ihm nicht möglich ist. Das Protokoll muß von dem Dolmetscher genehmigt und unterschrieben werden. Der Zuziehung eines Gerichtsschreibers oder eines Zeugen bedarf es in diesem Falle nicht (RFGG. § 178).

ζ) Ist der Erklärende taub, so soll ihm das Protokoll zur Durchsicht vorgelegt werden, auch wenn er dies nicht verlangt. In dem Protokolle soll festgestellt werden, daß dies geschehen ist. Ist der Taube auch nicht imstande, Geschriebenes zu lesen, so soll eine Vertrauensperson zugezogen werden, die sich mit ihm zu verständigen vermag. In dem Protokolle soll festgestellt werden, daß der Erklärende nach der Überzeugung des Richters die Vertrauensperson verstanden hat. Das Protokoll soll auch von der letzteren genehmigt und unterschrieben werden. Die Vertrauensperson kann auch der Gerichtsschreiber, ein zugezogener Zeuge oder einer der Erklärenden (z. B. der andere Ehegatte bei gemeinschaftlichem Austritt) sein (Pr.FGG. Art. 41).

η) Sprachfremde. Erklärt der Erklärende, daß er der deutschen Sprache nicht mächtig sei, so muß bei der Beurkundung ein vereideter Dolmetscher zugezogen werden. Der Zuziehung desselben bedarf es nicht, wenn der Richter der Sprache, in der sich der Beteiligte erklärt, mächtig ist; die Beeidigung des Dolmetschers ist nicht erforderlich, wenn der Antragsteller darauf verzichtet; andernfalls muß der Dolmetscher beeidigt werden bzw. die Richtigkeit der Übertragung unter Berufung auf den ev. ein für allemal geleisteten Dolmetschereid versichern. Das (stets in deutscher Sprache aufzunehmende, s. o. α) Protokoll muß dem Sprachfremden durch den Dolmetscher oder, wenn ein solcher nicht zugezogen worden ist, durch den Richter in der fremden Sprache vorgetragen werden und die Feststellung enthalten, daß dies geschehen ist. Im Protokolle muß festgestellt werden, daß der Antragsteller der deutschen Sprache nicht mächtig ist. Der Dolmetscher muß das Protokoll unterschreiben. Unterbleibt diesen Vorschriften zuwider die Zuziehung eines

Dolmetschers, so wird die Aufnahme der Austrittserklärung jedoch dadurch nicht unwirksam (RFGG. § 179). Auf den Dolmetscher finden die für einen Zeugen geltenden Vorschriften der §§ 170f. RFGG. (s. o. a) entsprechende Anwendung (RFGG. § 180).

ϑ) Im übrigen kommen auf das Protokoll die allgemeinen Vorschriften über gerichtliche Urkunden zur Anwendung: vgl. bz. Urschrift (Verwahrung bzw. ausnahmsweise Aushändigung): Pr.FGG. Art. 42, 44. — Erteilung von Ausfertigungen und Abschriften: Pr.FGG. Art. 43, 46, 47, 49, 51, RFGG. § 182. — Beglaubigung von Abschriften: Pr.FGG. Art. 35. — Behandlung von Anlagen: Pr.FGG. Art. 48.

14. Vorstand der Kirchengemeinde: s. o. A. 5. Die Protokollabschrift ist dem Vorstande derjenigen Kirchengemeinde zuzustellen, welcher der Erklärende bei Stellung des Antrages (Abs. 1 dieses §) angehört hat. Dies gilt auch für den Fall, daß der Erklärende z.Z. der Abgabe der definitiven Austrittserklärung seinen Wohnsitz in den Bezirk einer anderen Kirch.Gem. verlegt hat, da infolge der Einheitlichkeit des Verfahrens eine perpetuatio fori nicht nur bz. des Gerichts (s. o. A. 9d zu § 1), sondern auch bz. der Kirchengemeinde (Parochie) anzunehmen ist. Ist die Zustellung des Antrages versehentlich unterblieben (oder mangels Vorhandenseins der Zustellungsurkunde nicht nachweisbar) oder an eine (sachlich oder örtlich) unzuständige Kirche (Kirch.Gem.) erfolgt, so hat gleichwohl, — ev. unter Hinweis auf die Tatsache und den Grund der Nichtbenachrichtigung von dem Antrage, — die Zustellung der Protokollabschrift an den Vorstand der nach vorstehendem zuständigen Kirche (Kirch.Gem.), zu erfolgen. Die Protokollabschrift ist (wie der Antrag: s. o. A. 6) nur dem Vorstande der Kirch.Gem., aus welcher der Erklärende ausgetreten, nicht auch derjenigen Kirch.Gem. zu welcher er etwa übergetreten ist, zuzustellen, da (s. o. a.a.O.) die bürgerliche Wirkung des Aus- bzw. Übertritts (Befreiung von den kirchl. Leistungen, § 3 KAG.) nur die Austrittskirche berührt. Bei Militärpersonen, Gefangenen usw. empfiehlt sich auch Nachricht an den Vorstand der Militär-, Anstalts- usw. Gemeinde, in dessen Ermangelung an den betr. Militär- usw. Geistlichen (wie beim Antrag, s. o. A. 6).

15. Zustellung der Protokollabschrift. Nach AusfB. Nr. 2 Abs. 2 Satz 3 (s. u. III 1) hat „der Richter .... die Zustellung einer beglaubigten Abschrift des Protokolls an den Vorstand der Kirchengemeinde zu veranlassen." Hiernach ist eine — (abweichend vom Antrage, s. o. A. 8) von dem Gerichtsschreiber zu beglaubigende — Abschrift des Protokolls mittelst eines von dem Richter zu unterzeichnenden Begleitschreibens dem Vorstande der Kirchengemeinde zuzustellen (nicht: formlos zu übersenden). Bei Nachreichung von Urkunden (s. o. A. 13b$\gamma^{\beta\beta}$) empfiehlt sich ein entsprechender Zusatzvermerk (z. B. „Taufschein ist nachgereicht"). Formular: s. u. V Nr. 7. Da der Richter lediglich die Zustellung der Protokollabschrift zu „veranlassen" hat, er daher nicht als i. S. v. AGGerSchrGeschO. § 13 Abs. 5 (s. o. A. 4) durch besondere Vorschriften zur Vollziehung des Schriftstückes ausdrücklich bezeichnet anzusehen ist, ist er (abweichend von der Antragsbenachrichtigung, s. o. A. 4) gemäß AVf. 7. 11. 10 (JMBl. 391 f.) B 5 berechtigt, generell oder im Einzelfalle die unterschriftliche Vollziehung des Schreibens durch den Gerichtsschreiber nach Maßgabe der gemäß AGGerSchrGeschO. § 13 Abs. 1 für Schreiben an Privatpersonen maßgebenden Vorschriften (d. h. „gez. Judex") anzuordnen.

16. Polizeibehörden. Eine Nachricht an andere Behörden als an den Vorstand der Kirchengemeinde (s. o. A. 5 u. 14) ist durch das Gesetz nicht vorgeschrieben. Eine gewisse Ausnahme ist im Verwaltungswege bz. der Polizeibehörden getroffen. Mit Rücksicht auf das Interesse, das letztere an den in ihrem Bezirke vorkommenden Änderungen des Religionsbekenntnisses haben, ist durch die im Einvernehmen mit dem Minister des Innern erlassene (ungedruckte) Verfügung des Justizministers v. 23. 5. 1907 — J.Nr. I 908 — angeordnet, daß die gerichtl. Sammelakten, betr. die Kirchenaustrittserklärungen usw., einem von der Polizeidirektion (Polizeipräsidium) oder dem Landratsamte nach vorheriger Anmeldung in angemessenen Zwischenräumen zu entsendenden mittleren Beamten zur Einsicht und Entnahme der für die Verwaltungsbehörden erforderlichen Notizen auf der Gerichtsschreiberei vorzulegen sind. Für Groß-Berlin ist durch dieselbe Verfügung die Beibehaltung des daselbst üblichen Verfahrens nachgelassen worden, wonach dem Einwohnermeldeamte in monatl. Fristen durch die AG. Listen derjenigen Personen mitgeteilt worden sind, welche eine Änderung ihres Religionsbekenntnisses erklärt haben; dasselbe gilt in anderen Städten, in denen sich ein gleiches oder ähnliches Verfahren ausgebildet und bewährt hat. Durch spätere ungedruckte Verfügungen des KGPr. und der LGPr. ist in Groß-Berlin für die AG. bz. der Aus- und Übertritte die Listenform abgeschafft und die Erteilung von, teils monatl., teils tägl. (nicht unterschriebenen) Einzelnachrichten unter Beifügung eines (von dem Gerichtsschreiber zu unterschreibenden) Begleitschreibens eingeführt worden. Für jede Person ist ein besonderes Formular zu benutzen; eine gemeinschaftl. Nachricht ist nur für den Fall, daß eine Familie mit gemeinschaftl. Wohnung aus der Rel.Gemeinsch. austritt oder daß ein Vater den Austritt für mehrere Kinder erklärt, für diese mehreren Personen zu erteilen. Formular: s. u. V Nr. 8 u. 9.

17. Bescheinigung des Austritts. Form: gemäß AusfB. Nr. 3 nach dem derselben beigefügten Formular (s. u. III 1). Jetzt geltendes, z. T. abweichendes, insbes. den Übertritt nicht berücksichtigendes Formular: s. u. V Nr. 6.

18. Auf Verlangen: also nur auf (formlosen, rgm. mit der Abgabe der Austrittserklärung verbundenen und in das Protokoll aufzunehmenden, s. u. V Formular 5) Antrag.

19. Erteilung. Die erfolgte Erteilung ist gemäß AusfV. Nr. 3 (s. u. III 1) „unter dem Protokoll zu vermerken". Ist sie nicht sofort erfolgt, so ist sie besonders zu verfügen (s. u. V Formular 5 „Verfügung" Nr. 1); die Ausführung der Verfügung ergibt sich sodann aus dem Kanzlei- (Fertigungs-) u. Bureau- (Absendungs-) Vermerk. Die Erteilung der Bescheinigung erfolgt gebühren-, kosten- u. stempelfrei (s. u. A. 2 zu § 6).

§ 3.

Die Austrittserklärung [1] bewirkt, daß der Ausgetretene zu Leistungen, welche auf der persönlichen Kirchen- oder Kirchengemeinde-Angehörigkeit beruhen [2], nicht mehr verpflichtet wird [3].

Diese Wirkung tritt mit dem Schlusse des auf die Austrittserklärung [4] folgenden Kalenderjahres [5] ein. Zu den Kosten eines außerordentlichen Baues [6], dessen Notwendigkeit vor Ablauf des Kalenderjahres, in welchem der Austritt aus der Kirche erklärt wird [7], festgestellt ist [8], hat der Austretende bis zum Ablauf des zweiten auf die Austrittserklärung folgenden Kalenderjahres [9] ebenso beizutragen, als wenn er seinen Austritt aus der Kirche nicht erklärt hätte [10].

Leistungen, welche nicht auf der persönlichen Kirchen- oder Kirchengemeinde-Angehörigkeit beruhen [11], insbesondere Leistungen, welche entweder kraft besonderen Rechtstitels auf bestimmten Grundstücken haften [12], oder von allen Grundstücken des Bezirks, oder doch von allen Grundstücken einer gewissen Klasse in dem Bezirk ohne Unterschied des Besitzers zu entrichten sind [13], werden durch die Austrittserklärung nicht berührt [14].

1. Austrittserklärung: vorausgesetzt, daß sie nach den oben zu §§ 1, 2 dargelegten Grundsätzen rechtswirksam ist.

2. Leistungen, welche auf der persönlichen Kirchen- oder Kirchengemeinde-Angehörigkeit beruhen. Zu diesen gehören prinzipiell alle kirchl. Abgaben und Leistungen, da niemand für die Bedürfnisse einer Gemeinschaft beizutragen hat, welcher er nicht angehört (Hinschius S. 180; L. 4, 187; R. 27). Dieser Grundsatz ist, soweit es sich nicht um eine dingliche Radizierung der Lasten handelt (vgl. Abs. 3 dieses § u. dazu A. 11 f.), für die Mitglieder der privilegierten christl. Kirchen in den älteren Provinzen prinzipiell durch die Bestimmung des ALR. II 11 § 261 („Doch soll niemand bei einer Parochialkirche von einer anderen als derjenigen Religionspartei, zu welcher er sich selbst bekennt, zu Lasten oder Abgaben, welche aus der Parochialverbindung fließen, angehalten werden; wenn er gleich in dem Pfarrbezirke wohnt oder Grundstücke darin besitzt.") normiert und durch zahlreiche KabO. usw. (abgedruckt bei Hinschius L. 4, 363 f.; R. 300 f.) im einzelnen durchgeführt sowie im wesentlichen auch in den neuen Provinzen anerkannt. Es ist daher insbes. der für die Angehörigen der drei s. g. „Reichskonfessionen" (ev.-luth., ev.-ref., röm.-kathol.) gegenüber der im jeweiligen Gebiete herrschenden Kirche (ecclesia dominans) vielfach bestehende Pfarrzwang, — von sehr vereinzelten Ausnahmen (vgl. die Zsstellg. bei Hinschius S. 192 f.) abgesehen, — aufgehoben worden (vgl. im einzelnen Hinschius S. 180 f. sowie auch Braun 403 f.). Für die Mitglieder der nicht privilegierten Rel.Gesellsch. ist er dagegen zwar z. T. in den neuen Provinzen (vgl. Hinschius S. 181), nicht aber für das Gebiet des ALR. vor Einführung des KAG. gesetzlich zweifelsfrei festgelegt worden. Während daher die staatl. u. kirchl. Verwaltungsbehörden (Minister der geistl. Angel., Minister des Innern u Ev. Oberkirchenrat) den Standpunkt vertraten, daß der Austritt aus einer der privil. christl. Kirchen auch ohne Übertritt zu einer anderen vom Staate anerkannten Rel.Gesellsch. (also das „Dissidententum") von der Beitragspflicht gegenüber der ersteren befreie (vgl. im einzelnen

Hinschius S. 181; L. 4, 188; R. 28), hatte das Ober-Tribunal (8. 2. 54 Ob.Trib. 27, 375f. u. Strieth. 12, 110f. sowie 5. 7. 67 Ob.Trib. 58, 351f.) den Rechtssatz ausgesprochen, daß eine Befreiung von den Parochiallasten erst durch einen Übertritt der bezeichn. Art eintrete. Die beabsichtigte Beilegung dieser Kontroverse zugunsten der ersteren Auffassung (s. o. Einl. A § 2) gab den ersten Anstoß zur Inangriffnahme des KAG. und bildete auch weiterhin, als der Entwurf desselben auf eine weitere Basis gestellt wurde, einen der wichtigsten Gründe für die Einbringung dieses Gesetzes (s. o. Einl. A § 2 u. Not. 436f.). Mit Rücksicht auf diese Entstehungsgeschichte und die daraus resultierende Fassung des Abs. 1 § 3 KAG. ist daher nunmehr die Befreiung von den dort bezeichneten Lasten unabhängig von dem Übertritte zu einer anderen privil. Rel.Gemeinsch.: der bloße Austritt aus einer Kirche (oder einer Rel.Gemeinsch. des § 8), also die bloße Eigenschaft als „Dissident" (s. o.) befreit den Austretenden ohne weiteres von den hier vorgesehenen Lasten seines bisherigen Verbandes, ohne daß es des Beitrittes zu einer anderen Kirche oder Rel.Gemeinsch. des § 8 bedarf. Zu diesen Lasten gehören aber nur die Lasten an die Kirche oder Kirchengemeinde, nicht auch an die Volksschule. Der Austritt begründet daher an sich noch nicht das Ausscheiden aus einem konfessionellen Schulverbande, dem der Ausgetretene bis dahin angehört hatte, sondern nur dann, wenn dieser zu einer Religionspartei übertritt, für die eine besondere Ortsschule bestimmt ist (Pr.OVG. 13. 3. 00 Pr.OVG. 37, 186f.), oder wenn er, keiner anerkannten Rel.Gesellsch. angehörend, einer anderen Schule zugewiesen wird (Pr.OVG. 4. 4. 93 Pr.OVG. 24, 124f.). — Bz. der Forensen s. u. A. 11.

8. Nicht mehr verpflichtet wird. Wird der Ausgetretene trotzdem zur Leistung herangezogen, so muß er das Rechtsmittel des Einspruches einlegen, andernfalls er

zahlungspflichtig bleibt, da der Austritt nicht ohne weiteres und unter allen Umständen vor der Heranziehung zu den kirchl. Leistungen schützt, dem Ausgetretenen vielmehr nur das Recht gibt, sich des den Schutz Nichtsteuerpflichtiger gegen die Heranziehung zu den kirchl. Lasten bezweckenden Einspruches zu bedienen (Pr.OVG. 9. 2. 09 DJZ. 1909, 1134).

4. Austrittserklärung. Der Zeitpunkt der definitiven Austrittserklärung (zu richterlichem Protokoll § 1 Abs. 1, § 2 Abs. 2), nicht etwa derjenige der Stellung des Antrages (§ 2 Abs. 1) ist maßgebend.

5. Kalenderjahr. Für das laufende und das darauf folgende Kalenderjahr gilt der Ausgetretene bz. seiner Beitragspflicht als noch nicht ausgeschieden und hat demnach für diese Zeit, also bis zum 31. Dezember (einschließlich) des auf die Austrittserklärung folgenden Kalenderjahres, in letzterer Hinsicht dieselben Verpflichtungen wie ein Mitglied (vgl. z. B. kirchl. VerwO. § 56 Abs. 1). Zweck dieser (durch das Abg.H. geschaffenen, über die Regierungsvorlage, vgl. Entwurf des KAG. i. d. Drucks. des Abg.H. 1872/73 Bd. 1 Nr. 94 S. 435, hinausgehenden, s. auch o. Einl. A § 2) Bestimmung: die — insbes. durch Massenaustritte gefährdete — „Aufrechterhaltung der vermögensrechtlichen Lebensfähigkeit der Einzelgemeinden", da der Staat „ein sehr ernstes Interesse, die wirtschaftliche Existenz der kirchlichen Gemeinden aufrechtzuerhalten," hat (Komm.Ber. i. d. Drucks. d. Abg.H. 1872/73 Bd. 2 S. 1124, 1125).

6. Kosten eines außerordentlichen Baues. Ao. Bau ist ein außerhalb des Rahmens des rgm. Geschäftsganges stehender Bau, gleichgiltig, ob er infolge normaler Verhältnisses (z. B. Anwachsen der Gemeinde) oder infolge exzeptioneller Umstände (z. B. Brand, Explosion, Erdbeben) erforderlich geworden ist und ob es sich um einen Neu-, Reparatur- oder Erweiterungsbau handelt. Erforderlich ist jedoch, daß der Bau ein ao. ist; es genügt daher an sich nicht, daß die Kosten ao. sind, wenn eben nicht der Bau selbst ein ao. ist; ebenso-

wenig ist andererseits erforderlich, daß die Kosten ao. sind, wenn nur der Bau ao. ist. Es fallen demnach unter § 3 nur die (ordentl. oder ao.) Kosten eines ao. Baues, nicht an sich die ao. Kosten eines ordentl. Baues und überhaupt nicht die ordentl. Kosten eines ordentl. Baues. Rgm. werden sich allerdings in der Praxis die Begriffe „ordentlich" und „außerordentlich" bz. des Baues und der Kosten decken (im allgemeinen zustimmend Hinschius S. 182; L. 4, 188f.; R. 28f; Kollenscher 112f.). Die Vorschriften über Kirchenbaulast sind aufrechterhalten durch EG.BGB. Art. 132.

7. erklärt wird: s. o. A. 4.

8. Feststellung der Notwendigkeit:

a) Der ao. Bau muß notwendig, nicht nur nützlich oder wünschenswert sein.

b) Die Feststellung der Notwendigkeit erfolgt durch die kompetenten Organe der betreffenden Kirche („geistl. Obern" im Gebiete des ALR.: ALR. II 11 §§ 707f.). Dieses sind in der ganzen Monarchie, — von vereinzelten partikulären Ausnahmen in den neuen Provinzen abgesehen, — sowohl für die evangel. wie für die kathol. K. die Königl. Regierungen (vgl. Hinschius S. 182f. u. die dort zsgestellten Bestimmungen). Für Synagogengemeinden erfolgt die Feststellung durch übereinstimmenden Beschluß des Vorstandes und der Repräsentantenversammlung (vgl. §§ 38f. G. über die Rechtsverhältnisse der Juden v. 23. 7. 1847), zu welchem gemäß § 48 a.a.O. in den in diesem § vorgesehenen Fällen die Genehmigung der Regierung hinzutreten muß. — Als Zeitpunkt der Feststellung ist der Tag anzusehen, an welchem der endgiltige und im Wege eines ev. Rekurses nicht mehr anfechtbare Beschluß ordnungsmäßig bekannt gemacht worden ist (vgl. im einzelnen Hinschius S. 183).

9. Dauer der Verpflichtung. Der Austretende haftet bis zum 31. Dezember (einschließlich) des zweiten auf die Austrittserklärung folgenden Kalenderjahres (vgl. z. B. kirchl. VerwO. § 56 Abs. 1). Zweck: „einen Austritt, namentlich

einen Massenaustritt aus rein pekuniären Motiven zu erschweren, wenn erhöhte Anforderungen an die Gemeindemitglieder zur Deckung von Baukosten gemacht werden müssen, und dadurch die Auflösung der rechtlichen Unterlagen der kirchlichen Baulast zu verhüten" (Hinschius G. 182; L. 4, 188; R. 28; vgl. auch Komm.Ber. a.a.O. 1123f.). Die Feststellung der Notwendigkeit muß nach dem klaren Wortlaute des Gesetzes spätestens innerhalb des Kalenderjahres, in welchem der Austritt erklärt ist (gleichgiltig, ob vor oder nach dieser Erklärung), erfolgen; unrichtig daher Kollenscher 113, wonach die Verpflichtung sich auch auf Bauten erstreckt, deren Feststellung innerhalb der diesem Kalenderjahre „folgenden weiteren zwei Kalenderjahre" erfolgt; es liegt hier eine Verwechslung von „Festsetzung der Notwendigkeit des Baues" und „Fälligkeit der Beiträge" vor.

10. Fiktion des Nichtaustrittes. Der Austretende gilt bz. seiner Beitragspflicht für die in A. 9 fixierte Zeit als nicht ausgeschieden. Daraus folgt:

a) zu seinen Ungunsten, daß er für alle während dieser Zeit repartierten und ausgeschriebenen Beiträge zu einem ao. Bau in derselben Weise wie ein Mitglied der Kirche haftet, freilich auch nur für diese Zeit, so daß er für alle späteren Kosten nicht aufzukommen hat, insbes. für solche, die sich aus der Nichtfertigstellung des Baues innerhalb dieser Frist ergeben (zustimmend Hinschius G. 183; L. 4, 189; R. 29), gleichgiltig, ob die erstere auf Grund des Bauplanes oder infolge Überschreitung der bauplanmäßig vorgesehenen Frist erfolgt;

b) zu seinen Gunsten, daß ihm gegen die Auferlegung der Beitragslast dieselben Rechtsmittel zustehen wie einem Mitgliede der Kirche (vgl. Hinschius G. 183; auch L. 4, 189 u. R. 29; v. Rönne 99 und die dort cit. Entsch.).

11. Leistungen, welche nicht auf der persönlichen Kirchen- oder Kirchengemeinde-Angehörigkeit beruhen, d. h. Verpflichtungen, welche unabhängig von der Mitgliedschaft der betr. Kirche sind, z. B. die Baulast des

Patrons bei einem persönlichen Patronat; nicht dagegen z. B. die Baulast der Forensen, d. h. derjenigen Personen, die keinen Wohnsitz, sondern nur Grundstücke in der Parochie haben, da sie, wenn observanzmäßig überhaupt, so doch nur dann beitragspflichtig sind, wenn sie der betr. Konfession angehören, ihre Verpflichtung daher auf ihrer persönlichen Kirchenangehörigkeit beruht; es kommt auf sie daher Abs. 1 dieses Paragraphen zur Anwendung (vgl. Hinschius G. 183f.; L. 4, 189; R. 29; vgl. ferner z. B. auch kirchl. VerwO. § 49 Abs. 3).

12. Haftung auf bestimmten Grundstücken kraft besonderen Rechtstitels: z. B. die Baulast des Patrons, sofern das Patronat, — was für das Gebiet des ALR. nach ALR. II 11 § 579 im Zweifel der Fall ist, — „auf einem Gute oder Grundstücke" haftet (§ 579 a.a.O.) also (vgl. § 583 Halbsatz 2 a.a.O.) dinglich ist.

13. Entrichtung von allen Grundstücken des Bezirks oder von allen Grundstücken einer gewissen Klasse in dem Bezirk ohne Unterschied des Besitzers. Das sind alle Abgaben, welche einen dinglichen Charakter angenommen haben, also Reallasten geworden sind; z. B. die Baulasten im ehemaligen Herzogtum Magdeburg und in der Mark Brandenburg, die Parochiallasten in den ehemals Kgl. Sächs. Landesteilen, der Sackzehnte, die große (streitig, ob auch die kleine: vgl. Trusen 529f.) Kalende in Ostpreußen; die in dem großen und kleinen Marienburger Werder an die evangel. Geistlichen und Kirchendiener zu entrichtenden Abgaben und Leistungen (V. 30. 1. 1846, GS. 87); der Zehnte, sofern er nicht (vgl. z. B. ALR. II 11 § 872) durch die Angehörigkeit zur betr. Konfession bedingt ist, wie z. B. in Schlesien (KabO. 3. 3. 1758, abgedruckt bei Hinschius L. 4, 461 u. R. 301, sowie KabO. 16. 6. 1831, GS. 169) und Oberlausitz (Ob.Trib. 21. 12. 57 Strieth. 27, 227f.). Die Worte „Grundstücke einer bestimmten Klasse" hat KAG. mit Rücksicht darauf gebraucht, daß zuweilen nicht sämtliche Grundstücke, sondern nur bestimmte Kategorien derselben dinglich verhaftet sind (Hinschius S. 184; L. 4, 190; R. 30).

14. Nichtberührung der Leistungen. Diese bleiben daher trotz Austrittes oder Übertrittes zeitlich unbeschränkt weiterbestehen.

§ 4.

Personen, welche vor dem Inkrafttreten des gegenwärtigen Gesetzes[1] ihren Austritt[2] aus der Kirche[3] nach den Vorschriften der bisherigen Gesetze[4] erklärt haben, sollen vom Tage der Gesetzeskraft[5] dieses Gesetzes ab zu anderen als den im dritten Absatz des § 3 bezeichneten Leistungen[6] nicht ferner[7] herangezogen werden[8].

1. Inkrafttreten des Gesetzes. Mangels einer anderweitigen Bestimmung im Gesetze selbst ist dasselbe in Kraft getreten:

a) In den alten Provinzen (mit Ausschluß des Jadegebietes, s. u. b): in dem Regierungsbezirk Potsdam mit Berlin mit dem 8. Tage; in den RB. Frankfurt a. O., Stettin, Magdeburg und Merseburg mit dem 9. Tage; in den RB. Stralsund, Köslin, Posen, Breslau, Liegnitz und Erfurt mit dem 11. Tage; in den RB. Marienwerder, Bromberg, Oppeln und Minden mit dem 12. Tage; in den RB. Danzig, Münster und Arnsberg mit dem 13. Tage; in den RB. Königsberg und Gumbinnen sowie in der Rheinprovinz (und daher gemäß Allerh. Erlaß 19. 9. 1852, GS. 588, Nr. 1, auch in Hohenzollern) mit dem 14. Tage nach dem Ablaufe desjenigen Tages, an welchem das das Gesetz enthaltene Stück der Gesetzsammlung in Berlin — d. i. der 15. Mai 1873 — ausgegeben worden ist (G. 3. 4. 1846, GS. 151, § 2).

b) Im Jadegebiet: mit dem 14. Tage nach Ablauf des zu a bezeichneten Tages (G. 14. 5. 1855, GS. 306, § 3).

c) In den neuen Provinzen: mit dem 12. Tage nach

Ablauf des zu a bezeichneten Tages (Hannover, Kurhessen, Nassau, Frankfurt a. M.: V. 1. 12. 1866, GS. 743f., § 2 Satz 2 i.V.m. G. 20. 9. 1866, GS. 555f., § 1; unrichtig Hinschius S. 184, der die V. 29. 1. 1867, s. u., als Rechtsgrundlage für alle neuen Landesteile ansieht; Schleswig-Holstein: V. 29. 1. 1867, GS. 139f., § 2 Satz 2 i.V.m. § 1 des — ersten — G. 24. 12. 1866, GS. 875; vormals bayer. u. großherzogl. hess. Gebietsteile: § 2 Satz 2 V. 29. 1. 1867, GS. 139f., § 2 Satz 2 i.V.m. § 1 des — zweiten — G. 24. 12. 1866, GS. 876).

2. oder Übertritt.

3. oder Religionsgemeinschaft des § 8.

4. Vorschriften der bisherigen Gesetze: s. o. Einl. A § 2.

5. Gesetzeskraft: s. o. A. 1.

6. § 3 Abs. 3: nur zu diesen Lasten, nicht auch zu den des Abs. 2 § 3 ist die Heranziehung zulässig.

7. nicht ferner: die nach altem Rechte den Austretenden obliegenden Lasten sind nur insoweit zu tragen, als sie in die Zeit bis zum Inkrafttreten des KAG. fallen. Das gilt auch von denjenigen Personen, welche behufs Übertritts nur die Form des Abs. 2, nicht diejenige des Abs. 3 § 1 erfüllt haben (zustimmend Hinschius S. 185; L. 4, 190; R. 30).

8. herangezogen werden: insbes. werden daher diejenigen Personen, die nur ihren Austritt erklärt haben, ohne zu einer anderen Kirche usw. überzutreten, von den ihnen nach der Rechtsprechung des Ober-Tribunals (s. o. A. 2 zu § 3) obliegenden Verpflichtungen gegenüber der verlassenen Kirche befreit, auch wenn sie bereits rechtskräftig verurteilt sein sollten (vgl. Hinschius S. 184f.; L. 4, 190; R. 30).

§ 5.

Ein Anspruch auf Stolgebühren[1] und andere bei Gelegenheit bestimmter Amtshandlungen zu entrichtende Leistungen[2] kann gegen Personen, welche der betreffenden

Kirche nicht angehören[3], nur dann geltend gemacht werden, wenn die Amtshandlung auf ihr Verlangen wirklich verrichtet worden ist[4].

1. Stolgebühren: die für die Vornahme bestimmter Amtshandlungen (Taufen, Trauungen, Begräbnisse usw.) an den Geistlichen zu entrichtenden Gebühren (vgl. z. B. ALR. II 11 §§ 422, 423).

2. Andere bei Gelegenheit bestimmter Amtshandlungen zu entrichtende Leistungen: z. B. Zuschläge zu den Stolgebühren, welche nicht an den Geistlichen, sondern für andere Personen (z. B. die Kirchspielsarmen) oder für bestimmte besondere Zwecke (z. B. die partikuläre Kathedralsteuer zur Erhaltung der Domkirchen, vgl. KabO. 13. 4. u. 24. 5. 1825, GS. 71 f. u. 225) zu zahlen sind.

3. Der betreffenden Kirche nicht angehören: gleichgiltig, ob sie dieser niemals angehört haben oder erst aus ihr ausgetreten sind. Hierzu gehören auch diejenigen Personen, welche ohne Beobachtung der Form des Abs. 3 § 1 (gerichtl. Austritt) lediglich nach Abs. 2 § 1 (nur kirchl.) zu einer anderen Kirche übergetreten sind. Denn da sie in den rein kirchlichen (im Gegensatze zu den vermögensrechtlichen) Beziehungen der bisherigen K. nicht mehr angehören (s. o. A. 16 zu § 1), das Recht des Pfarrers auf Vornahme von kirchlichen Amtshandlungen in erster Linie aber zu diesen rein kirchlichen Beziehungen gehört, nicht zu der Kategorie der aus dem Parochialverbande hervorgehenden vermögenswerten Lasten, der Anspruch auf Stolgebühren vielmehr lediglich ein Akzessorium seines Rechtes auf die Amtshandlung ist, so findet § 5 infolge seiner allgemeinen Fassung („nicht angehört") auch auf sie Anwendung (Hinschius S. 185; L. 4, 190; R. 30; im Resultat auch Goßner 26).

4. Wirkliche Verrichtung auf Verlangen:

a) z. B. Taufe, Trauung, Begräbnis bei Mischehen auf Verlangen des nicht der Konfession des Geistlichen angehörenden Ehegatten;

b) vorausgesetzt, daß ein Anspruch auf Stolgebühren gegen Mitglieder der Kirche begründet, ein solcher daher nicht auch gegen diese ausgeschlossen wäre; vgl. z. B. für die Landeskirche der älteren Provinzen Aufhebung der Stolgebühren für Taufen und Trauungen in ortsüblich einfachster Form sowie für Aufgebote durch KirchG. 28. 7. 1892, k. G. u. VBl. 167, §§ 1, 2; vgl. dazu StaatsG. 3. 12. 1892, GS. 267, Art. 40 Abs. 2 u. kirchl. VerwO. § 40.

§ 6.

Als Kosten des Verfahrens werden nur Abschriftsgebühren und bare Auslagen in Ansatz gebracht[1 2].

1. Diese Bestimmung und damit auch die Ausführungsbestimmung der AusfB. Nr. 5 (s. u. III 1) sind jetzt durch die nachfolgenden Bestimmungen des Pr.GKG. 25. 6. 1895 (jetzt vom 25. 7. 1910 i. d. Fassung der Bk. 6. 8. 1910 — in Geltung seit 1. 10. 1910, § 142 Abs. 1 Satz 1 —,) ersetzt.

2. Es gilt jetzt Folgendes:

a) Gebühren. Die Gebührenfreiheit ist aufgehoben. Nach § 106 Satz 1 Pr.GKG. wird in dem Verfahren, betr. den Austritt aus der Kirche (oder einer Synagogengemeinde, s. u. III 2), eine Gebühr von drei Mark erhoben. Diese Gebühr umfaßt das ganze Verfahren, insbes. auch die Erteilung der Bescheinigung über den erfolgten Aus- (Über)tritt (s. o. § 2 Abs. 3), für welche daher eine besondere Gebühr nicht zu erheben ist; dies ergibt sich auch aus der Entstehungsgeschichte des § 106 (vgl. darüber Mügel 371). Die Gebühr umfaßt zugleich die Gebühr für das Beschwerdeverfahren in allen Instanzen (KG. 14. 5. 09 KGJ. 38 B 33 f.). Treten mehrere Personen zusammen aus (z. B. Ehegatten; Eltern und Kinder), so ist die Gebühr (nebst Pauschsatz von 0,50 M, s. u. b) für jede Person besonders zu erheben (KG. 29. 1. 09 KGJ. 37 B 57 u. a.a.O. 35).

Ein Stempel wird nicht erhoben (vgl. Pr.GKG. § 29 Abs. 1; KG 20. 9. 97 KGJ. 17, 303f.; ferner: Pr.StStG. § 4 Nr. 1h; dazu: Böhm-Sontag 26 u. Heinitz 777; nach AusfV. Nr. 5 Abs. 2 war für die Bescheinigung ein solcher von 5 Sgr. zu erheben, s. u. III 1). Ein Stempel ist auch dann nicht zu entrichten, wenn eine Ausfertigung oder beglaubigte Abschrift der Verhandlung beantragt und erteilt wird, da nach § 113 Abs. 2 Satz 1 Pr.GKG. (und dementsprechend AVf. 28. 7. 10, JMBl. 299, § 1 Abs. 2d) Voraussetzung der Stempelerhebung die Stempelpflichtigkeit der Urkunde selbst ist, die Austrittsverhandlung aber (s. o.) einem Stempel nicht unterliegt (vgl. auch Mügel 397f.).

Die Auf- bzw. Annahme des Antrages auf Entgegennahme der Austrittserklärung und sonstiger Anträge und Gesuche sowie von Beschwerden erfolgt gebührenfrei (Pr.GKG. § 108 Nr. 1 Satz 1).

b) Auslagen. Zur Deckung der von den Parteien nicht zu ersetzenden baren Auslagen (Pr.GKG. §§ 112f.) wird jetzt seit der Novelle ein Pauschquantum von 0,50 *M* erhoben (Pr.GKG. § 114 Abs. 1 Satz 1—2). Dieses umfaßt gleichfalls das ganze Verfahren, einschließlich der Erteilung der Bescheinigung. Hierin ist auch die Erteilung einer Ausfertigung oder Abschrift der Verhandlung an den Ausgetretenen (bzw. bei Austritt mehrerer Personen zu gemeinsamem Protokolle, s. o., je einer Ausfertigung oder Abschrift an jede Person) miteingeschlossen (Pr.GKG. § 114 Abs. 1 Satz 4); die Schreibgebühr des § 112 Abs. 1 Nr. 1a Pr.GKG. kommt daher nicht in Ansatz (vgl. auch Mügel 392; in der Praxis streitig). Bescheinigungen sowie Ausfertigungen und (einfache u. begl.) Abschriften der Austrittsverhandlung sind daher in den angegebenen Grenzen nach der hier vertretenen Auffassung völlig gebühren-, stempel- und kostenfrei zu erteilen. Über Erinnerungen, welche die Frage betreffen, ob die Auslagen für eine Ausfertigung oder Abschrift durch den Pauschsatz gedeckt werden, entscheidet das Gericht, bei welchem der Kostenansatz erfolgt ist, endgiltig (Pr.GKG. § 114 Abs. 1 Satz 5).

Für die von Amtswegen bewirkten Zustellungen (insbes. also der Antrags- und Austrittsnachrichten an den Vorstand der Kirchengemeinde, s. o. § 2 Abs. 1 u. 2 u. s. u. III 1 AusfV. Nr. 2) werden nur diejenigen baren Auslagen erhoben, welche durch die Zustellung im Auslande oder bei öffentlicher Zustellung durch Bk. in öffentlichen Blättern entstehen (Pr.GKG. § 114 Abs. 2). Rgm. sind daher Zustellungskosten gleichfalls nicht zu liquidieren.

Pauschsätze sind rgm. mit den Gebühren in einer Summe auszuwerfen (AVf. 17. 8. 10, JMBl. 325, Nr. 5; näheres s. das.); es ist hier also rgm. der Betrag von (3,00 + 0,50 =) 3,50 *M* in Ansatz zu bringen. Über Entrichtung von Kosten durch Verwendung von Kostenmarken vgl. Pr.GKG. § 17 Abs. 1, über Einziehung von Kosten durch Postnachnahme Pr.GKG. § 17 Abs. 2.

c) Vorschuß. Bei dem Antrage auf Entgegennahme der Austrittserklärung ist ein dem Pauschsatze (s. o. zu b) entsprechender Auslagenvorschuß von 0,50 *M* von dem Antragsteller zu zahlen (Pr.GKG. § 6 Abs. 1 Satz 1; a.M. Mügel 399, wonach § 6 auf den Pauschsatz des § 114 nicht zur Anwendung kommt). Nur auf dieses Auslagenpauschale (von 0,50 *M*), nicht auch auf die Gebühr (von 3 *M*, s. o. zu a) erstreckt sich die Vorschußpflicht. Der Richter kann die Entgegennahme der Erklärung von der Zahlung des Vorschusses abhängig machen, sofern nicht die Verzögerung dem Antragsteller einen unersetzlichen Nachteil bringen würde (Pr.GKG. § 6 Abs. 1 Satz 2; vgl. auch KassO. §§ 16 Nr. 4f.). Über Erinnerungen gegen eine derartige Anordnung wird im Aufsichtswege entschieden (Pr.GKG. § 6 Abs. 1 Satz 3). Die Zurückzahlung eines Vorschusses findet nur insoweit statt, als derselbe den bei Beendigung des Geschäfts in Ansatz kommenden Betrag an Gebühren und Auslagen übersteigt (Pr.GKG. § 6 Abs. 2).

d) Unwirksamwerden und Rücknahme des Antrages. Erfolgt die Austrittserklärung nicht, so werden Gebühren und Auslagen nicht erhoben (Pr.GKG. § 106 Satz 2). Diese neue Bestimmung ist mit Rücksicht darauf getroffen worden, „daß man Leuten, die, wie es oft vorkomme, in der Übereilung ohne hinreichende Überlegung die Austrittserklärung bei Gericht anmeldeten, die Abstandnahme von der Austrittserklärung erleichtern müsse" (Komm.Ber. d. Abg.H. 1910 S. 56). Die Bestimmung findet sowohl auf den Fall Anwendung, daß die Austrittserklärung überhaupt nicht oder (infolge Ver- oder Übersehens des Richters) nicht frist- und formgerecht (s. o. §§ 1, 2 KAG.) abgegeben wird, als auch auf den Fall, daß eine formelle Rücknahme des Antrages erfolgt. Es ist daher weder bei Unwirksamwerden des Antrages die — vor der Novelle in voller Höhe zu erhebende (KG. 14. 5. 09 KGJ. 38 B 33f.) — Gebühr des Satzes 1 § 106 Pr.GKG. noch bei Antragsrücknahme die Rücknahmegebühr des § 108 Nr. 2 Pr.GKG. zu erheben; ebensowenig ist gemäß AusfB. Nr. 5 Abs. 1 Satz 3 (s. u. III 1) zu liquidieren. Der etwa gezahlte Vorschuß ist in voller Höhe zurückzuzahlen. Die bereits entstandenen Kosten (Schreiblohn usw.) hat der Staat zu tragen. Die vor der Novelle in dieser Hinsicht ergangenen Entscheidungen sind damit gegenstandslos geworden.

e) Im übrigen kommen die allgem. Bestimmungen, insbes. des Pr.GKG. und der KassO., über Gebühren und Auslagen zur Anwendung; vgl. insbes. bz.: Fälligkeit: Pr.GKG. § 11; KassO. § 15. — Nachforderung: Pr.GKG. § 12; KassO. §§ 15 Nr. 12, 16 Nr. 2. — Ansatz: Pr.GKG. § 14; KassO. § 12. — Beitreibung: Pr.GKG. § 16; KassO. §§ 33f. — Einbehaltung von Urkunden: Pr.GKG. § 15; KassO. § 13. — Niederschlagung wegen unrichtiger Behandlung, Unkenntnis der Partei usw.: Pr.GKG. § 10; dazu AVf. 17. 8. 10 (JMBl. 325) Nr. 1. — Niederschlagung oder Stundung wegen Armut: Pr.GKG. § 18;

KassO. §§ 20, 31; durch Allerh. Gnadenerlaß: KassO. §§ 37 Nr. 2, 53 Nr. 9 Abs. 1c; bz. Armenrecht: s. o. A. 8g zu § 1 u. KassO. § 19. — Zurückzahlungen: KassO. §§ 59, 53 Nr. 4. — Erinnerung und Beschwerde: Pr.GKG. §§ 25—28. — Verjährung: Pr.GKG. § 13. — Übergangsbestimmungen: Pr.GKG. § 142. — Bz. Kostenerstattung bei Rechtshilfe s. o. A. 10Bb u. g zu § 1.

§ 7.

Die in diesem Gesetze dem Richter beigelegten Verrichtungen[1] werden im Bezirke des Appellationsgerichtshofes zu Cöln durch den Friedensrichter, im Gebiete der ehemals freien Stadt Frankfurt a. M. durch die zweite Abteilung des Stadtgerichts daselbst wahrgenommen[2].

1. Vgl. §§ 1, 2, 8 KAG.

2. Diese Bestimmung, welche darum notwendig war, „weil es im Gebiete des Rheinischen Rechts an einem richterlichen Organ, welchem die allgemeine Zuständigkeit für Akte der freiwilligen Gerichtsbarkeit beigelegt ist, gebricht und weil nach der Gerichtsverfassung im Gebiete der vormals freien Stadt Frankfurt a. M. die Geschäfte der freiwilligen Gerichtsbarkeit zwischen mehreren Behörden geteilt sind" (Mot. 437), ist infolge der durch Pr.AG.GVG. § 12 Nr. 3 u. 6 erfolgten Aufhebung dieser Gerichte gegenstandslos geworden. Zuständig sind jetzt auch für diese Gebiete die Amtsgerichte (Pr.AG.GVG. §§ 16, 26; GVG. § 12; Pr.FGG. Artt. 31 Abs. 1, 32 Abs. 1 a.E.; RFGG. § 167 Abs. 1; s. o. A. 8d zu § 1).

§ 8.

Was in den §§ 1—6 von den Kirchen[1] bestimmt ist, findet auf alle Religionsgemeinschaften, welchen Korporationsrechte[2] [3] gewährt sind, Anwendung[4].

1. Religiöse Verbände. Es sind bz. der Anwendung des KAG. zu unterscheiden:

a) öffentlich aufgenommene (ALR. II 11 § 17: „vom Staate ausdrücklich aufgenommene") und damit (ALR. a.a.O.) „die Rechte privilegierter Korporationen" genießende Kirchengesellschaften: das sind (vgl. auch § 18 a.a.O. sowie Patent 30. 3. 1847, GS. 121 f., Abs. 1) die „Kirchen" i. S. des § 1 KAG., nämlich (s. o. A. 1 zu § 1) die evangel. und die röm.-kathol. (einschließlich der altkathol.) K. (vgl. auch Pr.OVG. 22. 9. 99 u. 27. 3. 03 Pr.OVG. 36, 21 f. u. 43, 164 f.). Auf sie findet KAG. auf Grund des § 1 Anwendung;

b) mit Korporationsrechten versehene, aber nicht privilegierte Kirchengesellschaften (s. u. A. 3). Auf sie findet KAG. auf Grund des § 8 Anwendung.

c) nicht korporierte, aber zu freier Religionsübung zugelassene „Religionsgesellschaften" (Pr.VU. Art. 12): alle nicht unter a und b gehörigen Religionsgesellschaften, z. B. in den älteren Provinzen rgm. reformierte, griechisch-kathol., neuapostolische, freireligiöse, Adventisten-Gemeinden, die von den Altlutheranern (s. u. 3b) abgezweigten Lutheraner. Auf sie findet KAG. überhaupt keine Anwendung.

2. Korporationsrechte. Diese können, soweit ihre Verleihung nicht bereits vor der VU. erfolgt ist, „nur durch besondere Gesetze" erlangt werden (Pr.VU. Art. 13). Durch die Bestimmungen der §§ 21 f. BGB., wonach ein Verein, dessen Zweck nicht auf einen wirtschaftlichen Geschäftsbetrieb gerichtet ist, Rechtsfähigkeit durch Eintragung in das Vereinsregister des zuständigen Amtsgerichts erlangt, wird an diesem Rechtszustande nichts geändert, da nach EG.BGB. Art. 84 die landesgesetzlichen Vorschriften, nach welchen eine Religionsgesellschaft Rechtsfähigkeit nur im Wege der Gesetzgebung erlangen kann, unberührt bleiben (s. auch u. Pr.OVG. 6. 1. 11 i. A. 3a).

3. Religionsgesellschaften, welchen Korporationsrechte gewährt sind. Hierzu gehören insbes.:

a) für den ganzen Umfang der Monarchie: Mennoniten-

Gemeinden (G. 12. 6. 1874, GS. 238) und Baptisten-Gemeinden (G. 7. 7. 1875, GS. 374), sofern ihnen diese Rechte durch gemeinschaftliche Verfügung der Minister der Justiz, des Inneren und der geistl. Angel. verliehen worden sind. Können sie auf Grund dieser Gesetze Korporationsrechte nicht erlangen, so können sie sich die Rechtsfähigkeit nicht durch den Antrag auf Eintragung in das Vereinsregister verschaffen (Pr.OVG. 6. 1. 11 i. Recht 1911, 161f. bz. Baptistengemeinden, s. o. A. 2). — Ferner das Judentum (SynAG. § 9, s. u. III 2, u. Mot. 438), da die Synagogengemeinden überall Korporationsrechte besitzen (s. u. III 2 A. 3 zu § 1 SynAG.; bz. des Austritts aus den Synagogengemeinden unter Verbleib im Judentum s. u. III 2 SynAG. §§ 1f.).

b) in den älteren Provinzen: die Herrenhuter oder evangelischen Brüdergemeinden (vgl. General-Konzession 7. 5. 1746 u. 18. 7. 1763 sowie Reskr. 16. 12. 1849; KirchO. d. evangel. Bruder-Unität in Deutschland 1894); die von der Gemeinschaft der evangel. Landeskirche (Union) sich getrennt haltenden Lutheraner (s.g. „Altlutheraner"; General-Konzession 23. 7. 1845, GS. 516; Cirkular-Erlaß 7. 8. 1847, MinBl. f. d. inn. Verw. 317f.; G. 23. 5. 1908, GS. 155f.; vgl. auch Pr.OVG. 26. 9. 98 u. 23. 11. 00 Pr.OVG. 33, 29f. u. 38, 439f.; KG. 29. 6. 05 OLG. 12, 334f.); die Kohlbrüggianer oder Niederländisch-Reformierten zu Elberfeld (KabO. 24. 11. 1849);

c) in den neuen Provinzen: in der Prov. Hannover die Mennoniten-Gemeinden in Ostfriesland (vgl. Pr.OVG. 22. 2. 99 Pr.OVG. 36, 21f.); in Schleswig-Holstein die jansenistisch-katholische Gemeinde auf Nordstrand (vgl. Hinschius S. 187) sowie unter gewissen Voraussetzungen (vgl. im einzelnen Hinschius a.a.O.) die auf Grund des holstein. G. 4. 7. 1863 §§ 2, 13, genehmigten Gemeinden der Mennoniten, Reformierten, Anglikaner und Baptisten. — Das Vorhandensein von Korporationsrechten bz. der bei Hinschius S. 186 aufgeführten Herrenhuter-Gemeinde in Norden (Prov. Hannover) ist dagegen in der Verwaltungspraxis streitig und mit Rücksicht auf die Entstehungsgeschichte und den Wortlaut des Erlasses v. 29.6.1868 wohl zu verneinen.

4. Anwendung. Der Aus- und Übertritt aus bz. zu den Rel.Gemeinsch. des § 8 mit bürgerlicher Wirkung findet daher nach Maßgabe der §§ 1f. KAG. statt. Das gilt auch von dem Übertritte nach Abs. 2 des § 1 (Aufrechterhaltung des bestehenden Rechtes bei Übertritt ohne Befreiung von den Lasten des bisherigen Verbandes), da die in den einzelnen Landesteilen zZ. des Inkrafttretens des KAG. bestehenden Bestimmungen sich auch auf Rel.Gemeinsch. dieser Art beziehen (vgl. Hinschius S. 187; L. 4, 191; R. 31; s. auch o. Einl. A § 2 Nr. 1—4); bz. der — auf die erst nach Erlaß der Pr.BU. mit Korporationsrechten ausgestatteten Rel.Gemeinsch. (z. B. jetzt Mennoniten und Baptisten, s. o. 3a) nicht zur Anwendung kommenden (vgl. im einzelnen Hinschius a.a.O.) — §§ 41, 42 II 11 ALR. (s. o. A. 13 zu § 1) hinsichtlich der Altlutheraner vgl. auch Ob.Trib. 11. 11. 59 u. 29. 4. 61, Strieth. 34, 354 u. 41, 201. Auf den Aus- und Übertritt bz. der nicht mit Korporationsrechten ausgestatteten Rel.-Gemeinsch. findet KAG. (s. o. A. 1c) dagegen nicht Anwendung.

Aus- und Übertrittserklärungen bz. der korporierten Rel.Gemeinsch. hat der Richter daher entgegenzunehmen, bz. der nicht korporierten Rel.Gemeinsch. zurückzuweisen. Wird die Beurkundung des Übertritts von einer K. oder Rel.Gemeinsch. des § 8 zu einer nicht mit Korporationsrechten ausgestatteten Rel.Gemeinsch. beantragt, so kann nur der Austritt aus der ersteren aufgenommen werden, wovon der Antragsteller mit dem Anheimgeben, einen entsprechenden neuen Antrag zu stellen, in Kenntnis zu setzen ist. Verweigert der Antragsteller eine Änderung seines Antrages, so ist der letztere durch Beschluß als unzulässig zurückzuweisen. — Auf Verlangen des Antragstellers kann bz. des beabsichtigten Beitrittes zu einer nicht korporierten Rel.Gemeinsch. ein entsprechender Zusatz zur Austrittserklärung gemacht werden (z. B. „um der neuapostolischen Gemeinde beizutreten"); ein Rechtsanspruch des Antragstellers hierauf besteht aber nicht (im Resultat zustimmend LG. I Berlin 1. 11. 07, 17. T. 97. 07, ungedruckt). Ein solcher Zusatz kann auch von Amtswegen aus besonderen Gründen (z. B. zum Zwecke der Statistik; bei Kindern und Jugendlichen zwecks Feststellung ihrer weiteren rel. Erziehung bzw. Betätigung: s. o. A. 5b I u. 5b II Schlußabsatz zu § 1) veranlaßt werden; verweigert der Antragsteller die Abgabe einer derartigen Erklärung, so kann, wenn bekannt, der beabsichtigte Beitritt durch Pro-notita-Vermerk aktenkundig gemacht werden. In die Austrittsbescheinigung ist ein entsprechender Vermerk dagegen in keinem Falle (auch nicht auf Antrag des Ausgetretenen) aufzunehmen.

§ 9.

Die Verpflichtung jüdischer Grundbesitzer, zur Erhaltung christlicher Kirchensysteme beizutragen[1] [2], wird mit dem Eintritt der Gesetzeskraft[3] dieses Gesetzes auf den Umfang derjenigen Leistungen beschränkt[4], welche nach dem dritten Absatz des § 3 des gegenwärtigen Gesetzes den aus der Kirche ausgetretenen Personen zur Last bleiben[5].

1. Zweck des § 9. Er beseitigt „einen Überrest der früheren den Juden ungünstigen Bestimmungen, für dessen fernere Beibehaltung das Interesse für die möglichst vorteilhafte Stellung der christlichen Kirchensysteme in Ermangelung eines inneren Rechtsgrundes nicht hinreicht. Das Bedenken, daß auch diese Vorschrift eigentlich in die allgemeine gesetzliche Regelung der Verhältnisse der Juden fällt, hat die Staatsregierung nicht abgehalten, die Aufhebung dieser Abnormität in dem vorliegenden Gesetzentwurfe vorzuschlagen, weil es sich dabei nicht um Verhältnisse der Juden unter sich, sondern um ihre Beziehungen zu den christlichen Kirchensystemen handelt" (Mot. 438).

2. Verhältnis des § 9 zu den übrigen Bestimmungen des KAG. Diese Bestimmung steht nur in losem Zusammenhange mit den sonstigen Bestimmungen des KAG., da sie mit dem Austritt aus einer Rel.Gesellsch. an sich nichts zu tun hat und nur eine analoge Anwendung des § 3 enthält. Die Analogie liegt darin, daß, wie der Ausgetretene nur noch diejenigen Leistungen zu gewähren hat, die nicht auf Grund der persönlichen Mitgliedschaft bestehen, so auch der jüd. Grundbesitzer christl. Rel.Gesellschaften gegenüber von allen Leistungen befreit ist, die auf persönliche Zugehörigkeit gegründet sind, und ihm wie dem Ausgetretenen nur die im Abs. 3 des § 3 vorgesehenen von der persönlichen Zugehörigkeit unabhängigen Leistungen obliegen (Kollenscher 115).

3. Gesetzeskraft: s. o. A. 1, 5 zu § 4.

4. Beschränkung der Leistungen. Alle weitergehenden Lasten des früheren Rechtes sind damit aufgehoben. Für die älteren Provinzen bestimmte sich die Verpflichtung jüd. Grundbesitzer nach dem § 3 Abs. 4 des Gesetzes über die Verhältnisse der Juden v. 23. 7. 1847: „Wo das Patronat einer Gemeinde zusteht, können deren jüdische Mitglieder an der Ausübung desselben nicht teilnehmen, sie müssen aber die damit verbundenen Reallasten von ihren Besitzungen tragen. Außerdem bleiben die ansässigen jüdischen Mitglieder einer Stadt- oder Dorfgemeinde verpflichtet, die nach Maßgabe des Grundbesitzes zu entrichtenden Beiträge zur Erhaltung der Kirchensysteme zu tragen; auch sind alle jüdischen Grundbesitzer zur Leistung der auf ihren Grundstücken haftenden kirchlichen Abgaben verbunden." Durch § 9 ist daher die gesperrt gedruckte Bestimmung beseitigt, da die hier vorgesehene Beitragspflicht eine persönliche war und nur nach Maßgabe des Wertes des Grundbesitzes repartiert wurde, während die beiden anderen Bestimmungen, da Reallasten betreffend, unter § 3 Abs. 3 KAG. fallen und daher bestehen geblieben sind (Hinschius S. 190; L. 4, 192;

R. 32). Wegen des Rechtszustandes in den neuen Provinzen vgl. Hinschius S. 190f.

5. s. o. A. 2.

§ 10.

Alle dem gegenwärtigen Gesetze entgegenstehenden Bestimmungen werden hierdurch aufgehoben[1 2].

1. Aufhebung entgegenstehender Bestimmungen. Frühere Bestimmungen stehen dem KAG. insoweit entgegen, als sie die durch dieses betroffenen Materien anderweitig regelten. Diese Materien sind (s. o. A. 3, 4, 12f. zu § 1), abgesehen von dem oben speziell behandelten § 9: die Form und die bürgerlichen Wirkungen des Austrittes aus einer K. oder Rel.Gemeinsch. des § 8 bzw. des Übertrittes von einer solchen zu einer solchen (§ 1 Abs. 1 u. 3) sowie die Aufrechterhaltung des für den Übertritt ohne bürgerliche Wirkung bestehenden Rechtes (§ 1 Abs. 2). Daher sind aufgehoben: für die alten Provinzen bz. der Form allgemein der § 17 V. 30. 3. 1847 (s. o. Einl. A § 2) und für die neuen Provinzen bz. der Form und der ev. von ihnen normierten bürgerlichen Wirkungen die ebenda aufgeführten Bestimmungen, diese aber nur insoweit, als es sich nicht um einen Übertritt ohne bürgerliche Wirkung (da sonst durch § 1 Abs. 2 aufrechterhalten) handelt (im Resultat zustimmend Hinschius S. 191). Bz. des speziellen Rechtszustandes in Hannover vgl. noch Hinschius a.a.O.

2. Unberührt bleiben die Vorschriften über die rechtliche Stellung der nicht mit Korporationsrechten ausgestatteten Rel.Gemeinsch. (s. o. A. 1c zu § 8) und ihrer Mitglieder; eine Ausnahme bildet nur die Bestimmung des § 5 bz. der Stolgebühren und der anderen dort bezeichneten Leistungen, welche sich auf alle nicht der betr. K. angehörenden Personen bezieht, auch wenn dieselben keiner anderen K. oder korporierten Rel.Gemeinsch. (s. o. A. 3 zu § 5) angehören. — Über partikuläre Besonderheiten vgl. Hinschius S. 192f.

§ 11.

Der Justizminister und der Minister der geistlichen Angelegenheiten sind mit der Ausführung dieses Gesetzes beauftragt[1].

1. Ausführung dieses Gesetzes: Allgemeine Verfügung (— des Justizministers —) v. 13. Juni 1873, — betreffend die Ausführung des Gesetzes über den Austritt aus der Kirche vom 14. Mai 1873: s. u. III 1.

Urkundlich unter Unserer Höchsteigenhändigen Unterschrift und beigedrucktem Königlichen Insiegel.

Gegeben Berlin, den 14. Mai 1873.

(L. S.) Wilhelm.

Gr. v. Roon. Fürst v. Bismarck.
Gr. zu Eulenburg. Leonhardt. Camphausen. Falk.
v. Kameke. Gr. v. Königsmarck. Achenbach.

III. Ergänzungsbestimmungen zum Kirchenaustrittsgesetze.

1. Allgemeine Verfügung[1] vom 13. Juni 1873, — betreffend die Ausführung des Gesetzes über den Austritt aus der Kirche vom 14. Mai 1873.

(Justizministerialblatt 1873 S. 183f.)

1. des Justizministers.

Zur Ausführung des Gesetzes über den Austritt aus der Kirche vom 14. Mai 1873 (Ges.-Samml. S. 207)[1] wird, im Einverständnis mit dem Herrn Minister der geistlichen, Unterrichts- und Medizinalangelegenheiten, folgendes bestimmt[2]:

1. s. o. II.

2. In Ausführung des dem Justizminister und dem Minister der geistl. Angel. durch § 11 KAG. (s. o.) erteilten Auftrages.

1. Die in dem bezeichneten Gesetze den Gerichten zugewiesenen Geschäfte[1] werden durch die für die Aufnahme von Handlungen der freiwilligen Gerichtsbarkeit bestimmten richterlichen Beamten versehen[2]. Insofern für die Führung der Register über die Geburten, Trauungen und Sterbefälle der Dissidenten und Juden ein besonderer Kommissarius bestimmt ist[3], hat derselbe auch jene Geschäfte wahrzunehmen.

Für den Bezirk des Appellationsgerichtshofes zu Cöln und für das Gebiet der ehemals freien Stadt Frankfurt a. M. sind die zuständigen Beamten in dem Gesetze selbst (§ 7) bestimmt[4].

1. s. o. §§ 1, 2, 8 KAG.

2. Das sind jetzt (s. o. A. 8d zu § 1 KAG.) die Amtsrichter.

3. Für Dissidenten: G. 30. 3. 1847 (GS. 125f.) § 5; für Juden: G. 23. 7. 1847 (GS. 263f.) §§ 8f. Aufgehoben durch das Pr.PStG., dieses wieder durch das RPStG. Für Dissidenten und Juden bestehen daher keine Sonderbestimmungen mehr (s. o. A. 8d zu § 1 KAG.).

4. Auch für diese Gebiete sind jetzt (s. o. A. 2 zu § 7 KAG.) die Amtsgerichte zuständig.

2. Der Antrag auf Aufnahme der Austrittserklärung (§ 2 des Gesetzes) kann mündlich zu Protokoll oder schriftlich erfolgen[1]. Wird der Antrag als vollständig befunden[2], so ist derselbe unverzüglich[3] dem Vorstande der Kirchengemeinde[4], welcher der Antragsteller angehört[5], in Abschrift nachrichtlich zuzustellen[6]. Dem Antragsteller ist hiervon unter Bezeichnung des Tages, an welchem sein Antrag eingegangen ist, Kenntnis zu geben[7].

Die Anberaumung eines Termins zur Aufnahme der Austrittserklärung findet nicht statt[8]. Es steht vielmehr dem Antragsteller frei, sich an jedem Geschäftstage, welcher in die von dem Gesetze (§ 2 Abs. 2) bestimmte 14tägige Frist fällt, zur Abgabe der Austrittserklärung an der Gerichtsstelle zu melden[9]. Erfolgt die Meldung rechtzeitig, so hat der Richter die Austrittserklärung zu Protokoll zu nehmen[10] und die Zustellung einer beglaubigten Abschrift des Protokolls an den Vorstand der Kirchengemeinde zu veranlassen[11].

Über die beiden Zustellungen an den Vorstand der Kirchengemeinde sind Bescheinigungen zu den Akten zu bringen[12].

s. o.:

1. A. 2; 2. A. 12b; 3. A. 7; 4. A. 5; 5. A. 6; 6. A. 8a; 7. A. 8b; 8. A. 8b; 9. A. 8b; 10. A. 13; 11. A. 14, 15; 12. A. 8a, 15; sämtlich zu § 2 KAG.

3. Verlangt der Antragsteller eine Bescheinigung über den von ihm erklärten Austritt[1], so ist ihm dieselbe nach dem beigefügten Formular zu erteilen[2], und daß dies geschehen, unter dem Protokoll zu vermerken[3].

1. s. o. § 2 Abs. 3 KAG. und A. 17, 18 dazu.

2. s. u. am Fuße d. AusfB. sowie V Formular Nr. 6; auch s. o. A. 17—19 zu § 2 KAG.

3. s. o. A. 19 zu § 2 KAG.

4. Die auf Austrittserklärungen[1] bezüglichen Verhandlungen sind nach der Reihenfolge zu einem besonderen Aktenstücke zu bringen[2]. Dasselbe ist mit einem alphabetischen Register[3] zu versehen, in welches die Namen der aus der Kirche ausgetretenen Personen fortlaufend nachzutragen sind[4 5 6].

1. und Übertrittserklärungen. Eine aktenmäßige Scheidung zwischen Aus- und Übertrittssachen oder zwischen den verschiedenen Konfessionen findet nicht statt. Die Akten erhalten daher nach der Reihenfolge ihrer Anlegung fortlaufende Aktenzeichen. Jedoch empfiehlt es sich zwecks leichterer Übersicht, Übertrittssachen als solche auf dem Aktendeckel besonders kenntlich zu machen.

2. „Sammelaktenstück": s. u. A. 4.

3. s. g. „Dissidenten-Liste" („Dissidenten-Register"); nicht zu verwechseln mit dem alten Dissidenten-Register d. G. 30. 3. 1847 § 5, s. o. A. 3 zu Nr. 1.

4. vgl. hierzu AGGerSchrGeschO. § 43 Nr. 19: „Die auf den Austritt aus der Kirche ... oder aus der Synagogengemeinde ... bezüglichen Verhandlungen sind nach der Reihenfolge zu je einem besonderen Sammelaktenstücke zu bringen: diesen ist ein alphabetisches Namensverzeichnis vorzuheften. Eine Eintragung in das Beurkundungsregister findet nicht statt."

5. Aktenweglegung und -vernichtung.

a) Aktenweglegung. Die Akten sind wegzulegen, wenn die Angelegenheit oder das Verfahren beendet ist oder für beendet gilt; die Verfügung erfolgt durch den Gerichtsschreiber (AVf. 7. 11. 10, JMBl. 391 f., A 1).

b) Aktenvernichtung. Die Akten über Erklärungen, betr. den Austritt aus Kirchen- und Synagogengemeinden, bleiben von der Vernichtung ausgeschlossen (AVf. 6. 9. 00, JMBl. 569, § 9 Nr. 2).

6. Der Wiedereintritt in eine K. oder Rel.Gemeinsch. des § 8 KAG. nach erfolgtem Austritt unterliegt nicht den Bestimmungen des KAG. (s. o. A. 12 a.E. zu § 1 KAG.). Eine Löschung der in die K. usw. wiedereintretenden Personen in der Dissidenten-Liste (s. o. A. 3, 4), z. B. durch Rötung (ev. mit Zusatz: „in die ... Kirche wiedereingetreten)", ist daher unzulässig, und die hierauf gerichteten, — insbes. aus dem Königr. Sachsen bz. der jetzt dort wohnhaften Personen mit Rücksicht auf die dortige Landesgesetzgebung gestellten, — Anträge sind demnach zurückzuweisen. Die entgegenstehende Praxis mancher Amtsgerichte überschreitet die Zuständigkeit der preuß. Gerichte und entbehrt daher der rechtlichen Grundlage.

5. An Kosten des Verfahrens werden außer den baren Auslagen (Porto, Gebühren der Gerichtsvogte oder Gerichtsvollzieher) nur Abschriftsgebühren erhoben[1]. Der Satz der letzteren wird für den Geltungsbereich des Gesetzes über den Ansatz und die Erhebung der Gerichts-

kosten vom 10. Mai 1851 auf 10 Sgr. bestimmt[2]. Haben die Verhandlungen nicht zur Aufnahme der Austrittserklärung geführt, so wird nur die Hälfte dieses Satzes erhoben[3].

Für die Bescheinigung des Austritts (Nr. 3) ist eine Stempelgebühr von 5 Sgr. zu erheben[4]. —

1. Die Gebührenfreiheit ist jetzt aufgehoben: s. o. A. 2 zu § 6 KAG.

2. Jetzt: Kostenpauschquantum von 0,50 M.: s. o. a.a.O.

3. Jetzt: völlige Kostenfreiheit bei Unwirksamwerden des Antrages: s. o. a.a.O.

4. Jetzt: stempelfrei: s. o. a.a.O.

Schließlich werden die Gerichte darauf aufmerksam gemacht, daß diejenigen Vorschriften noch ferner maßgebend bleiben, welche die Beurkundung der Geburten, Heiraten und Sterbefälle solcher Personen betreffen, welche einer Religionsgesellschaft, deren Geistliche zu Amtshandlungen mit bürgerlicher Wirkung ermächtigt sind, nicht angehören[1]. Insbesondere ist die Verordnung vom 30. März 1847 (Ges.-Samml. S. 125)[2] mit der Maßgabe in Kraft verblieben[3], daß an Stelle ihres § 17 die Vorschriften des Gesetzes vom 14. Mai d. J. über die Form des Austritts aus der Kirche treten und daß ihre Bestimmungen, gemäß der im § 8 des Gesetzes erhaltenen Erweiterung, fortan auch auf solche Personen Anwendung finden, welche nicht aus einer der christlichen Kirchen, sondern aus einer anderen mit Korporationsrechten versehenen Religionsgemeinschaft ausgetreten sind.

1. s. o. A. 3 zu Nr. 1. Jetzt aufgehoben durch die daselbst aufgeführten Gesetze.

2. s. o. Einl. A § 2.

3. Die V. 30. 3. 1847 ist jetzt durch die A. 3 zu Nr. 1 aufgeführten Gesetze in vollem Umfange aufgehoben.

Berlin, den 13. Juni 1873.

Der Justizminister.
Leonhardt.

An sämtliche Gerichtsbehörden.
I 2273. E. 69. Vol. III.

Formular[1].

D............ hat laut Protokolls vom ...... seinen Austritt aus der Religionsgemeinschaft der .... (seinen Übertritt von der Religionsgemeinschaft der .... zu der Religionsgemeinschaft der ....) unter Beobachtung der durch das Gesetz vom 14. Mai 1873[2] vorgeschriebenen Form erklärt.

Zum Beweise dessen ist die vorliegende Bescheinigung ausgefertigt worden.

(Datum, Siegel und Unterschrift des Gerichts.)

1. s. u. V Nr. 6 das jetzt geltende Formular, das z. T., insbes. durch Weglassung des den „Übertritt" betr. Passus, von dem vorstehend wiedergegebenen abweicht.

2. Bei Austritten aus der Synagogengemeinde ist an Stelle dessen zu setzen: „Gesetz vom 28. Juli 1876" (s. u. III 2 SynAG., insbes. § 3 Satz 5).

2. Gesetz, betreffend den Austritt aus den jüdischen Synagogengemeinden. Vom 28. Juli 1876.

(Gesetzsammlung 1876 S. 353 f.)

Wir Wilhelm, von Gottes Gnaden König von Preußen rc. verordnen, mit Zustimmung beider Häuser des Landtages der Monarchie, was folgt[1]:

1. Zweck des Gesetzes: Das SynAG. regelt im Gegensatze zu dem KAG. (s. o. II), welches den Austritt aus dem Judentum als solchem betrifft (SynAG. § 9; s. o. A. 3a zu § 8 KAG. und A. 1 zu § 1, A. 1 zu 19 SynAG.), den Austritt aus der einzelnen Synagogengemeinde, welcher der betr. Jude kraft öffentlich-rechtlicher Vorschrift (s. u. A. 5 zu § 1) angehört, ohne den Austritt aus dem Judentum als solchem. Es gewährt damit (jedoch nur bei Vorliegen religiöser Bedenken, s. u. A. 2 zu § 1) den Mitgliedern der jüd. Rel.Gemeinsch. ein privilegium favorabile gegenüber den Mitgliedern der christl. Kirchen (oder den sonstigen Rel.Gemeinsch. des § 8 KAG.), denen ein Austritt aus der einzelnen Parochie usw. nicht gestattet ist, und bezweckt die Beseitigung des Gewissenszwanges, der infolge der im Judentume hervorgetretenen religiösen Differenzen in der zwangsweisen Angehörigkeit zu einer Synagogengemeinde liegt (vgl. Mot. zum SynAG. i. d. Anlagen z. d. Sten.Ber. des AbgH. 1876 Bd. II Nr. 157 S. 1118f.).

§ 1.

Es ist jedem Juden gestattet, ohne Austritt aus der jüdischen Religionsgemeinschaft (dem Judentume)[1] wegen religiöser Bedenken[2] aus derjenigen jüdischen Synagogengemeinde (jüdischen Kultusgemeinde, religiösen jüdischen Gemeinde, israelitischen Religionsgemeinde) auszutreten[3] [4] welcher er auf Grund eines Gesetzes, eines Gewohnheitsrechts, oder einer Verwaltungsvorschrift angehört[5].

Ein Jude, welcher von dieser Befugnis Gebrauch gemacht hat, wird bei Verlegung seines Wohnsitzes in den Bezirk einer anderen Synagogengemeinde nicht Mitglied dieser Gemeinde, wenn er derselben vor oder bei seinem Einzuge[6] eine schriftliche[7] dahin gerichtete Erklärung, daß er nicht Mitglied der Gemeinde werden wolle, abgibt[8].

1. Der Austritt aus der jüd. Rel.Gemeinsch. (dem Judentume) überhaupt erfolgt nach Maßgabe der Bestimmungen des Kirchenaustrittsgesetzes (SynAG. § 9; s. o. A. 3a zu § 8 KAG.).

2. Der Austritt aus der jüd. Syn.Gem. ist lediglich bei Vorliegen religiöser Bedenken, nicht also aus anderen Gründen (persönliche Zwistigkeiten, Befreiung von der Gemeindesteuer usw.; Mitvorhandensein derselben dagegen unschädlich; s. auch u. A. 2a zu § 2), zulässig. Dadurch unterscheidet sich dieser Austritt von dem Austritte aus der jüd. Rel.Gemeinsch. (dem Judentume) als solchem (s. o. A. 1), für welchen gleich dem Austritte aus einer der christl. K. oder einer sonstigen mit Korporationsrechten ausgestatteten Rel.Gemeinsch. das Motiv unerheblich ist. Daß der Austritt wegen rel. Bedenken erfolgt, ist ausdrücklich bei Aufnahme der (definitiven) Austrittserklärung zu versichern und in das Protokoll aufzunehmen (s. u. § 2). Einer entsprechenden Angabe bei Stellung des Antrages bedarf es dagegen nicht, da § 2 durch die Fassung, daß der Austritt „unter Hinzufügung der Versicherung" zu erklären ist, zum Ausdruck bringt, daß diese Versicherung außerhalb der eigentlichen und daher allein durch den Antrag vorzubereitenden Austrittserklärung steht.

3. Oder zu einer etwaigen anderen mit den Rechten einer Synagogengemeinde ausgestatteten Vereinigung (s. u. § 8) überzutreten. Diese Möglichkeit ist zwar im SynAG. (entgegen dem KAG., s. o. § 1 Abs. 2, 3 dess.) nicht ausdrücklich

vorgesehen, sie ergibt sich aber daraus, daß die Syn.Gem., sofern sie unter Mitwirkung der Staatsbehörden umschrieben sind, überall Korporationsrechte besitzen (Hinschius S. 187; vgl. für die alten Provinzen: G. 23. 7. 1847, GS. 263f., § 37; für die neuen Provinzen: Hannover: G. 30. 9. 1842 § 25; Kurhessen: V. 30. 12. 1823 §§ 38f.; Nassau: V. 7. 1. 1852; Frankfurt a. M.; Regulativ 8. 3. 1839; Holstein: dän. G. 14. 7. 1863 §§ 10, 15, sämtlich abgedruckt bei Kollenscher 131f.), der Übertritt von einer mit Korp.R. ausgestatteten Syn.Gem. zu einer anderen mit Korp.R. ausgestatteten Syn.Gem. daher nach Maßgabe der insofern analog anzuwendenden §§ 8, 1 KAG., d. h. gerichtlich in der durch §§ 2, 3 SynAG. übernommenen Form der §§ 1, 2 KAG., erfolgen kann (s. auch u. A. 4 zu § 8).

4. Der Austritt aus der Syn.Gem. wirkt nur für die Person des Erklärenden, nicht auch für dessen Ehefrau und Kinder, auch wenn letztere noch rel.-unmündig sind (PrOVG. 10. 2. 05 PrOVG. 47, 217f.; s. auch o. A. 5b II zu § 1 KAG.).

5. Die Angehörigkeit zu einer Syn.Gem. wird rgm. durch den Wohnsitz bestimmt. Gesetzlich ist dieses (vgl. Mot. z. SynAG. 1118) festgestellt für die alten Provinzen und daher auch (zufolge V. 20. 9. 1867, GS. 1534f.) für das vorm. ldgrfl. Hess. Oberamt Meisenheim durch G. 23. 7. 1847 § 35; für das ehemal. Fürstentum Hohenzollern-Sigmaringen G. 30. 8. 1837 § 38; für die neuen Provinzen: Hannover: G. 9. 9. 1842 § 35; Kurhessen: V. 30. 12. 1823 §§ 1f.; Nassau: Bk. 7. 1. 1852; Frankfurt a. M.: Dekret 30. 1. 1812; Schleswig: V. 8. 2. 1854 §§ 16, 17; Holstein: dän. G. 14. 7. 1863 § 10 (teilweiser Abdruck dieser Bestimmungen bei Kollenscher a.a.O.). In den vorm. Großherzogl. Hess. Gebietsteilen (außer dem ldgrfl. Hess. Oberamt Homburg v. d. H.) ist gleichfalls die Angehörigkeit der Juden zu einer örtl. Syn.Gem. anzunehmen, ebenso gewohnheitsrechtl. im vorm. Fürstentum Hohenzollern-Hechingen, während in

den vorm. bayer. Gebietsteilen (Edikt 10. 6. 1813 § 21) die Bildung von Kultusgemeinden dem Belieben der Juden anheimgestellt bleibt (Mot. a.a.O. 1118 f.).

6. Die Erklärung muß vor oder spätestens bei dem Einzuge abgegeben werden, andernfalls der Zuziehende Mitglied der Syn.Gem. seines neuen Wohnsitzes wird (s. o. A. 5). Ob die rel. Bedenken, die den Zuziehenden zum Austritt aus seiner früheren Syn.Gem. bewogen hatten, auch gegenüber der neuen Syn.Gem. fortbestehen, ist gleichgiltig, die Erklärung des Abs. 2 des § 1 ist unabhängig von dem Vorhandensein und der Geltendmachung rel. Bedenken. Will der Zuziehende dagegen nach seinem Einzuge aus der neuen Syn.Gem. ausscheiden, so kann dies nur wegen rel. Bedenken geschehen und muß auch im übrigen in den durch SynAG. vorgeschriebenen allgem. Formen, insbes. also durch Erklärung vor dem Richter, erfolgen.

7. Die Erklärung muß schriftlich erfolgen. Eine zu Protokoll der jüd. Gemeindebehörden oder durch Registraturvermerk in die Akten aufgenommene Erklärung ist unwirksam; durch Unterzeichnung des Protokolls seitens des Zuziehenden wird die Schriftform jedoch gewahrt.

8. Ist der Zuziehende aus dem Judentume als solchem ausgetreten (bzw. zum Christentum übergetreten), so wird er überhaupt nicht Mitglied der Syn.Gem. seines neuen Wohnortes und daher dieser gegenüber auch nicht leistungspflichtig, selbst wenn sein Aus(Über)tritt nicht gerichtlich erfolgt ist (Pr.OVG. 24. 6. 06 Pr.OVG. 49, 212 f.; vgl. auch o. A. 15c zu § 1 KAG.).

§ 2.

Der Austritt aus einer Synagogengemeinde (jüdischen Kultusgemeinde ꝛc., § 1) mit bürgerlicher Wirkung erfolgt dadurch[1], daß der Austretende in Person vor dem Richter seines Wohnorts den Austritt unter Hinzufügung

der Versicherung erklärt, daß solcher auf religiösen Bedenken beruhe[2].

1. Die Bestimmung entspricht (abgesehen von der unten zu 2 behandelten Besonderheit) inhaltlich dem § 1 Abs. 1 KAG. (s. o. II). Es finden daher die Erläuterungen zu letzterem § entsprechende Anwendung.

2. a) Die Erklärung unterscheidet sich von der Austrittserklärung des § 1 KAG. nur durch die mit Rücksicht auf § 1 Abs. 1 SynAG. (s. o. A. 2 zu § 1) vorgeschriebene Hinzufügung der Versicherung, daß der Austritt auf religiösen Bedenken beruhe. Der in dem früheren Verhandlungsformulare bereits vorgedruckte Passus: „indem (ich) versicher(e), daß der Austritt lediglich auf religiösen Bedenken beruht" ist in den neuen Formularen (s. u. V Nr. 5) nicht mehr vorgesehen. Es bedarf daher stets der handschriftlichen Hinzufügung dieses Zusatzes zu der Austrittserklärung, jedoch korrekterweise unter Hinweglassung des Wortes „lediglich", weil weder § 1 noch § 2 SynAG. vorschreiben, daß der Austritt lediglich wegen rel. Bedenken erfolgt bzw. erklärt wird, außer den letzteren etwa sonst noch mitspielende Motive die Giltigkeit des Austritts daher nicht beeinflussen (s. o. A. 2 zu § 1). Ist die Aufnahme des Zusatzes übersehen worden, so kann, falls die Erklärungsfrist (s. u. § 3) noch nicht abgelaufen ist, eine Ergänzungserklärung zu richterlichem Protokolle (nicht etwa in anderer Form: schriftlich usw.) abgegeben werden; ist die Erklärungsfrist bereits abgelaufen, so ist die Austrittserklärung unwirksam; es muß dann daher die Aufnahme der Austrittserklärung von neuem gemäß § 3 SynAG. beantragt und das weitere in den §§ 2, 3 vorgesehene Verfahren beobachtet werden.

b) Einer Substantiierung der rel. Bedenken bedarf es nicht. Eine Nachprüfung der Richtigkeit der Angabe, daß der Austritt wegen rel. Bedenken erfolgt, findet nicht statt (Mot. z. SynAG. 1120 und Kollenscher 122). Ist diese Angabe daher subjektiv unwahr oder objektiv unrichtig, ohne daß dies für den Richter erkennbar ist, so ist die Austrittserklärung trotzdem rechtswirksam (im Resultat auch Mot. a.a.O.); ist die Unwahrheit bzw Unrichtigkeit der entsprechenden Angabe für den Richter dagegen auf Grund der von dem Antragsteller etwa schriftlich oder mündlich gemachten Angaben ersichtlich, so hat er die Aufnahme der Austrittserklärung abzulehnen (Pr.FGG. Art. 40 Abs. 2). Erscheint es auf Grund derartiger Angaben dem Richter zweifelhaft, ob der Antragsteller tatsächlich wegen rel. Bedenken austritt oder ob die von ihm angegebenen Gründe sich rechtlich als rel. Bedenken darstellen, so ist die Austrittserklärung aufzunehmen, und es sind die Zweifel an der Giltigkeit derselben dem Antragsteller mitzuteilen und der Inhalt der Mitteilung sowie die von dem Antragsteller darauf abgegebenen Erklärungen in dem Protokolle festzustellen (Pr.FGG. Art. 40 Abs. 1).

§ 3.

Der Aufnahme der Austrittserklärung muß ein hierauf gerichteter Antrag vorangehen. Derselbe ist durch den Richter dem Vorstande der betreffenden Synagogengemeinde ohne Verzug bekannt zu machen. Die Aufnahme der Austrittserklärung findet nicht vor Ablauf von vier Wochen und spätestens innerhalb sechs Wochen, nach Eingang des Antrags, zu gerichtlichem Protokolle statt. Abschrift des Protokolls ist dem Vorstande der Synagogengemeinde zuzustellen. Eine Bescheinigung des Austritts ist dem Ausgetretenen auf Verlangen zu erteilen[1].

1. Dieser § entspricht inhaltlich dem § 2 KAG. (s. o. II). Es finden daher die Erläuterungen zu letzterem § entsprechende Anwendung. Bz. der erforderlichen Abänderung der Bescheinigung s. o. III 1 A. 2 zum Formular am Fuße der AusfB.

§ 4.

Als Kosten des Verfahrens werden nur Abschriftsgebühren und bare Auslagen in Ansatz gebracht[1].

1. Dieser § entspricht wörtlich dem § 6 KAG. (s. o. II). Die Erläuterungen zu letzterem § finden daher entsprechende Anwendung. Insbes. ist zu beachten, daß auch hier die im Gesetze vorgesehene Gebührenfreiheit des Verfahrens nunmehr aufgehoben ist.

§ 5.

Die in den vorstehenden Bestimmungen dem Richter beigelegten Verrichtungen werden im Bezirke des Appellationsgerichtshofes zu Köln durch den Friedensrichter, im Gebiete der ehemals freien Stadt Frankfurt a. M. durch die zweite Abteilung des Stadtgerichts daselbst wahrgenommen[1].

1. Dieser § entspricht inhaltlich dem § 7 KAG. (s. o. II). Die Erläuterungen zu letzterem § finden daher entsprechende Anwendung. Demgemäß ist diese Ausnahmebestimmung auch hier obsolet geworden, und es sind jetzt ausnahmslos die Amtsgerichte zuständig.

§ 6.

Die Austrittserklärung bewirkt, daß der Ausgetretene

1. an den Rechten, welche den Mitgliedern der Synagogengemeinden als solchen zustehen, vom Tage der Erklärung ab nicht mehr teilzunehmen hat[1], und

2. zu Leistungen, welche auf der persönlichen Angehörigkeit zur Synagogengemeinde beruhen[2], oder welche hinsichtlich der dieselbe beaufsichtigenden Beamten durch Gesetz oder Verwaltungsvorschrift allgemein den Juden eines bestimmten Bezirks auferlegt sind[3], vom Schlusse des auf die Austrittserklärung folgenden Kalenderjahres[4] ab nicht mehr verpflichtet wird.

Der Ausgetretene hat jedoch zu folgenden Lasten der Synagogengemeinde für die dabei bemerkte längere Zeit noch ebenso beizutragen, als wenn er seinen Austritt aus der Synagogengemeinde nicht erklärt hätte:

a) zu den Kosten eines außerordentlichen Baues, dessen Notwendigkeit vor Ablauf des Kalenderjahres, in welchem der Austritt aus der Synagogengemeinde erklärt wird, festgestellt ist, bis zum Ablaufe des zweiten auf die Austrittserklärung folgenden Kalenderjahres[5];

b) zur Erfüllung derjenigen Verpflichtungen der Synagogengemeinde, welche zur Zeit der Austrittserklärung dritten Personen gegenüber bereits begründet sind, für die Dauer dieser Verpflichtungen, indessen längstens bis zum Ablaufe des auf die Austrittserklärung folgenden fünften Kalenderjahres[6]. Einnahmen aus Grundstücken müssen zunächst zur Erfüllung der Verpflichtungen verwendet werden, welche aus dem Besitze oder der Benutzung derselben herrühren. Der Betrag, welchen der Ausgetretene zu leisten hat, soll den Durchschnittsbetrag der von ihm in den der Austrittserklärung vorhergegangenen drei Kalenderjahren geleisteten Beiträge nicht übersteigen. Das Recht der Mitbenutzung des Begräbnisplatzes der Synagogengemeinde[7] und die Pflicht zur Teilnahme an den Lasten, welche der Synagogengemeinde aus dem Begräbnisplatze erwachsen, verbleiben dem Ausgetretenen so lange, als ihm nicht die Berechtigung zusteht, einen anderen Begräbnisplatz zu benutzen[8]. Erworbene Privatrechte an Begräbnisstellen werden durch den Austritt nicht berührt.

Verlegt der Ausgetretene seinen Wohnsitz aus dem Bezirke der Synagogengemeinde in den Bezirk einer anderen Synagogengemeinde, so erlischt, vorbehaltlich der

Vorschrift im § 7[9], jede nach den Bestimmungen unter Nr. 2 dem Ausgetretenen obliegende fernere Beitragspflicht[10], wenn derselbe Mitglied der Synagogengemeinde des neuen Wohnorts geworden ist[11].

Leistungen, welche nicht auf persönlicher Angehörigkeit zur Synagogengemeinde beruhen[12], insbesondere auch sämtliche Leistungen für Zwecke der öffentlichen jüdischen Schulen[13], jedoch mit Ausnahme der Religionsschulen der Synagogengemeinden, werden durch die Austrittserklärung nicht berührt.

1. Ausnahme: die Benutzung des Begräbnisplatzes: Abs. 2b Satz 4 und 5 dieses §.

2. Diese Bestimmung entspricht der Bestimmung des § 3 Abs. 1 KAG.: s. o. A. 2—3 zu letzterem §.

3. Derartige Lasten bestehen (vgl. auch Mot. z. SynAG. 1120) nur in Hannover (Bk. 19. 1. 1844 i.V.m. G. 30. 9. 1842 § 28) und Kurhessen (V. 30. 12. 1823 § 59): Kosten des Landrabbinats.

4. Entsprechend dem § 3 Abs. 2 Satz 1 KAG.: s. o. A. 5 zu letzterem §.

5. Entsprechend dem Satze 2 a.a.O.: s. o. A. 6—10 zu letzterem §.

6. Eine entsprechende Bestimmung ist im KAG. nicht enthalten. — Zweck: „wegen der beim Austritte bereits begründeten Verpflichtungen der Korporation gegen Dritte den Rechten der Gläubiger . . . einige Sicherung zu gewähren" (Mot. z. SynAG. 1120). Näheres: Mot. a.a.O. und Kollenscher 126 f.

7. Unter dem Rechte zur Mitbenutzung des Begräbnisplatzes (aufrechterhalten durch EG.BGB. Art. 133) ist nur das Recht zur Beerdigung von Leichen zu verstehen, nicht aber auch die Befugnis zum Besuche und zur Ausschmückung von Gräbern, welche für Personen, die ein Recht auf Mitbenutzung des Begräbnisplatzes hatten, daselbst bereits an-

gelegt worden sind. Letztere Rechte bleiben daher unberührt (Pr.OVG. 3. 10. 77 Pr.OVG. 3, 330 f.).

8. Der andere Begräbnisplatz kann auch ein kommunaler Friedhof sein, vorausgesetzt, daß der Ausgetretene einen Anspruch auf dessen Benutzung hat (Pr.OVG. 24. 4. 03 Pr.OVG. 44, 241 f.).

9. Dieser Vorbehalt ist jetzt infolge Obsoletwerdens des § 7 (s. u. A. 1 zu § 7) unpraktisch geworden.

10. Es erlöschen daher nunmehr infolge des Wegfalles des Vorbehaltes (s. o. A. 9) alle Verpflichtungen des Ausgetretenen gegenüber seiner früheren Syn.Gem.

11. Diese Wirkung tritt nur bei Verlegung des Wohnsitzes und Beitritt zu einer örtlich verschiedenen Syn.Gem. ein, nicht auch bei Beitritt zu einer an demselben Orte befindlichen Syn.Gem. des § 8.

12. s. o. A. 11 zu § 3 KAG.

13. Die Lasten für diese hat der Ausgetretene unbegrenzt nach Zeit und Höhe wie ein Mitglied der Syn.Gem. zu tragen (Pr.OVG. 24. 4. 03 Pr.OVG. 44, 241 f.). — Die Befreiung von diesen Lasten wird in der Prov. Hannover auch nicht durch den Austritt aus dem Judentum als solchem bewirkt, sondern nur unter der Voraussetzung, daß der Ausgetretene von der Schulaufsichtsbehörde einer öffentlichen, nicht jüd. Schule zugewiesen ist (Pr.OVG. 17. 1. 96 Pr.OVG. 29, 192 f.).

§ 7.

Die Bestimmungen des für das Großherzogtum Posen erlassenen Gesetzes vom 24. Mai 1869 (Ges.-Samml. S. 838) über die Verpflichtung der ihren Wohnsitz verändernden Mitglieder einer Synagogengemeinde zur Ablösung ihres Anteils an den Kapitalschulden der letzteren, sollen fortan für den Fall der ersten künftigen Wohnsitzveränderung im Sinne des § 2 des gedachten Gesetzes auch auf diejenigen Juden Anwendung finden, welche,

ehe diese Wohnsitzveränderung erfolgt, aus der Synagogengemeinde ihres Wohnortes im Großherzogtum Posen auf Grund des gegenwärtigen Gesetzes ausgetreten sind. Die nach § 6 dieses letzteren dem Ausgetretenen obliegende fernere Beitragsleistung erlischt aber beim Eintritte der Verpflichtung desselben zur Ablösung nach dem Gesetze vom 24. Mai 1869.

1. Die Bestimmungen des § 7 sind jetzt obsolet, da das ihm zu Grunde gelegte G. 24. 5. 1869 (s. o. im Text) zwar formell noch in Kraft ist, materiell jedoch infolge des Umstandes, daß es lediglich die Schuldentilgung in den Syn.Gem. des Großherzogtums Posen regelt, diese aber bereits beendet ist, nicht mehr zur Anwendung kommen kann, also gleichfalls obsolet geworden ist (vgl. im einzelnen die Rechtsausführungen bei Kollenscher 56).

§ 8.

Vereinigen sich die Ausgetretenen behufs dauernder Einrichtung eines besonderen Gottesdienstes, so können[1] denselben durch Königliche Verordnung[2] die Rechte einer Synagogengemeinde[3] beigelegt werden[4 5].

1. Können, nicht müssen. Ein Rechtsanspruch ist nicht gegeben.

2. Nur durch eine solche, nicht durch die bloße Vereinigung wird also eine Syn.Gem. i. S. des SynAG. begründet.

3. Die Rechte einer Syn.Gem. sind normiert durch die o. A. 3 zu § 1 cit. Bestimmungen.

4. Sind der Vereinigung die Rechte einer Syn.Gem. beigelegt, so kann (s. o. A. 3 zu § 1) der Übertritt zu ihr aus der Hauptgemeinde vor dem Richter erklärt werden; sind ihr diese Rechte nicht beigelegt, so kann vor dem Richter lediglich der Austritt aus der Hauptgemeinde erklärt werden, während der Beitritt zur neuen Vereinigung lediglich außer-

gerichtlich erfolgen kann. Ebenso kann (und muß, wenn der Austritt mit bürgerlicher Wirkung erfolgen soll,) aus einer mit den Rechten einer Syn.Gem. ausgestatteten Vereinigung der Austritt und kann auch weiterhin der Übertritt (bzw. Wiederübertritt) zur Hauptgemeinde oder zu einer etwaigen sonstigen mit den Rechten einer Syn.Gem. ausgestatteten Vereinigung erklärt werden, während diese Maßnahmen bei einer nicht mit diesen Rechten ausgestatteten Vereinigung nur außergerichtlich erfolgen können. Der Richter hat daher bei Anmeldungen des Übertrittes von der Hauptgemeinde zu einer jüdischen Rel.Vereinigung (bzw. des Aus- oder Übertrittes aus einer solchen) stets zu prüfen, ob dieser Vereinigung, zu welcher der Übertritt bzw. aus welcher der Austritt erklärt werden soll, die Rechte einer Syn.Gem. gemäß § 8 SynAG. beigelegt sind oder ob dieselbe, falls vor Erlaß des SynAG. entstanden, etwa aus einem sonstigen Rechtsgrunde (s. o. die in A. 3 zu § 1 cit. Bestimmungen, insbes. also für die alten Provinzen G. 23. 7. 1847 § 37) Korporationsrechte besitzt. Ev. hat er das Statut einzufordern oder amtliche Auskunft einzuholen. Für Groß-Berlin (über die Zuständigkeit der speziellen Lokalgerichte, — Nichtkonzentration bei dem AG. Berlin-Mitte, — s. o. A. 9f. zu § 1 KAG.) ist zu beachten, daß außer der Hauptgemeinde (über den Bezirk derselben s. o. A. 6bγ zu § 2 KAG.) nur die „Israelitische Synagogengemeinde (Adass Jisroël)" zufolge Kgl. Verordnung v. 9. 9. 1885 die Rechte einer Syn.Gem. i. S. des § 8 SynAG. besitzt, während alle anderen rel. Vereinigungen, insbes. die „Jüdische Reformgemeinde", lediglich innerhalb der jüdischen Gemeinde bestehende Privatvereinigungen ohne Korporationsrechte sind, behufs Beitrittes zu welchen ein Austritt aus der Hauptgemeinde nicht erforderlich ist und in Bezug auf welche ein Aus- oder Übertritt aus bzw. zu ihnen nicht beurkundet werden kann.

5. Bz. Nichtbefreiung von der im § 6 Abs. 3 vorgesehenen Beitragspflicht s. o. A. 11 zu § 6.

§ 9.

Hinsichtlich des Austritts aus der jüdischen Religionsgemeinschaft (dem Judentume)[1] bleibt es bei den Bestimmungen des Gesetzes vom 14. Mai 1873, betreffend den Austritt aus der Kirche[2].

Die nach § 6 litt. b des gegenwärtigen Gesetzes den aus einer Synagogengemeinde ausgetretenen Juden obliegende besondere Verpflichtung wird durch den nachträglichen Austritt derselben aus dem Judentume aufgehoben[3].

1. Aus dem Judentume überhaupt.

2. s. o. A. 3 a zu § 8 KAG.; A. 1 zur Eingangsformel u. A. 1 zu § 1 SynAG.

3. Es verbleiben dann nur die Verpflichtungen des § 3 des Kirchenaustrittsgesetzes.

§ 10.

Alle diesem Gesetze entgegenstehenden Bestimmungen werden hierdurch außer Kraft gesetzt.

§ 11.

Der Minister des Innern und der Minister der geistlichen, Unterrichts- und Medizinalangelegenheiten sind mit der Ausführung dieses Gesetzes beauftragt[1].

1. Ausführungsbestimmungen sind nicht ergangen.

Urkundlich unter Unserer Höchsteigenhändigen Unterschrift und beigedrucktem Königlichen Insiegel.

Gegeben Wildbad Gastein, den 28. Juli 1876.

(L. S.) Wilhelm.

Fürst v. Bismarck. Camphausen. Gr. zu Eulenburg. Leonhardt. Falk. v. Kameke. Achenbach. Friedenthal. Hofmann.

IV. Tabelle zur Berechnung der Erklärungsfrist.

Vorbemerkung. Fällt der letzte Tag der Erklärungsfrist auf einen Sonn- oder Feiertag, so läuft die Frist erst am nächstfolgenden Werktage ab (Pr.FGG. Art. 1 a. E., RFGG. § 17, BGB. § 193). Bei den unbeweglichen Festen (Weihnachten und Neujahr) ist dieses in der Tabelle bereits berücksichtigt und durch Fettdruck kenntlich gemacht, bei den — jährlich wechselnden — beweglichen Festen und Sonntagen ist die Frist auf den nächsten Werktag zu verlängern; dasselbe gilt für eine an einem der beiden Weihnachtsfeiertage oder am Neujahrstage ablaufende Frist, falls der 27. Dezember oder der 2. Januar ein Sonntag ist. Im übrigen sind Sonn- und Feiertage auf den Lauf der Frist einflußlos. Im einzelnen s. o. II A. 11 zu § 2 KAG. Die irrtümliche Nichtverlängerung einer an sich an einem Sonn- oder Feiertage ablaufenden Frist in dem Benachrichtigungsschreiben an den Antragsteller ist jedoch insofern unschädlich, als die Fristangabe in letzterem Schreiben lediglich eine rein deklaratorische Bedeutung hat, die Erklärung daher auch noch am nächsten Werktage mit Rechtswirksamkeit abgegeben und aufgenommen werden kann (s. o. II A. 8b zu § 2 KAG.).

Tag des Einganges des Antrages bei Gericht	Frist zur Abgabe der endgiltigen Aus- oder Übertrittserklärung, falls der Eingang des Antrages bei Gericht erfolgt ist in einem Nicht-Schaltjahr	Schaltjahr
1. Januar	30. Januar d. J. bis 12. Februar d. J.	30. Januar d. J. bis 12. Februar d. J.
2. „	31. „ „ „ „ 13. „ „ „	31. „ „ „ „ 13. „ „ „
3. „	1. Februar „ „ „ 14. „ „ „	1. Februar „ „ „ 14. „ „ „
4. „	2. „ „ „ „ 15. „ „ „	2. „ „ „ „ 15. „ „ „
5. „	3. „ „ „ „ 16. „ „ „	3. „ „ „ „ 16. „ „ „
6. „	4. „ „ „ „ 17. „ „ „	4. „ „ „ „ 17. „ „ „
7. „	5. „ „ „ „ 18. „ „ „	5. „ „ „ „ 18. „ „ „
8. „	6. „ „ „ „ 19. „ „ „	6. „ „ „ „ 19. „ „ „
9. „	7. „ „ „ „ 20. „ „ „	7. „ „ „ „ 20. „ „ „
10. „	8. „ „ „ „ 21. „ „ „	8. „ „ „ „ 21. „ „ „
11. „	9. „ „ „ „ 22. „ „ „	9. „ „ „ „ 22. „ „ „
12. „	10. „ „ „ „ 23. „ „ „	10. „ „ „ „ 23. „ „ „
13. „	11. „ „ „ „ 24. „ „ „	11. „ „ „ „ 24. „ „ „
14. „	12. „ „ „ „ 25. „ „ „	12. „ „ „ „ 25. „ „ „
15. „	13. „ „ „ „ 26. „ „ „	13. „ „ „ „ 26. „ „ „
16. „	14. „ „ „ „ 27. „ „ „	14. „ „ „ „ 27. „ „ „
17. „	15. „ „ „ „ 28. „ „ „	15. „ „ „ „ 28. „ „ „
18. „	16. „ „ „ „ 1. März „ „	16. „ „ „ „ 29. „ „ „

19. Januar	17. Februar d. J. bis 2. März d. J.	17. Februar d. J. bis 1. März d. J.
20. "	18. " " " " 3. " " "	18. " " " " 2. " " "
21. "	19. " " " " 4. " " "	19. " " " " 3. " " "
22. "	20. " " " " 5. " " "	20. " " " " 4. " " "
23. "	21. " " " " 6. " " "	21. " " " " 5. " " "
24. "	22. " " " " 7. " " "	22. " " " " 6. " " "
25. "	23. " " " " 8. " " "	23. " " " " 7. " " "
26. "	24. " " " " 9. " " "	24. " " " " 8. " " "
27. "	25. " " " " 10. " " "	25. " " " " 9. " " "
28. "	26. " " " " 11. " " "	26. " " " " 10. " " "
29. "	27. " " " " 12. " " "	27. " " " " 11. " " "
30. "	28. " " " " 13. " " "	28. " " " " 12. " " "
31. "	1. März " " " 14. " " "	29. " " " " 13. " " "
1. Februar	2. März d. J. bis 15. März d. J.	1. März d. J. bis 14. März d. J.
2. "	3. " " " " 16. " " "	2. " " " " 15. " " "
3. "	4. " " " " 17. " " "	3. " " " " 16. " " "
4. "	5. " " " " 18. " " "	4. " " " " 17. " " "
5. "	6. " " " " 19. " " "	5. " " " " 18. " " "
6. "	7. " " " " 20. " " "	6. " " " " 19. " " "
7. "	8. " " " " 21. " " "	7. " " " " 20. " " "
8. "	9. " " " " 22. " " "	8. " " " " 21. " " "
9. "	10. " " " " 23. " " "	9. " " " " 22. " " "
10. "	11. " " " " 24. " " "	10. " " " " 23. " " "
11. "	12. " " " " 25. " " "	11. " " " " 24. " " "
12. "	13. " " " " 26. " " "	12. " " " " 25. " " "

Tag des Einganges des Antrages bei Gericht	Frist zur Abgabe der endgiltigen Aus- oder Übertrittserklärung, falls der Eingang des Antrages bei Gericht erfolgt ist in einem Nicht-Schaltjahr	Schaltjahr
13. Februar	14. März d. J. bis 27. März d. J.	13. März d. J. bis 26. März d. J.
14. „	15. „ „ „ „ 28. „ „ „	14. „ „ „ „ 27. „ „ „
15. „	16. „ „ „ „ 29. „ „ „	15. „ „ „ „ 28. „ „ „
16. „	17. „ „ „ „ 30. „ „ „	16. „ „ „ „ 29. „ „ „
17. „	18. „ „ „ „ 31. „ „ „	17. „ „ „ „ 30. „ „ „
18. „	19. „ „ „ „ 1. April „ „	18. „ „ „ „ 31. „ „ „
19. „	20. „ „ „ „ 2. „ „ „	19. „ „ „ „ 1. April „ „
20. „	21. „ „ „ „ 3. „ „ „	20. „ „ „ „ 2. „ „ „
21. „	22. „ „ „ „ 4. „ „ „	21. „ „ „ „ 3. „ „ „
22. „	23. „ „ „ „ 5. „ „ „	22. „ „ „ „ 4. „ „ „
23. „	24. „ „ „ „ 6. „ „ „	23. „ „ „ „ 5. „ „ „
24. „	25. „ „ „ „ 7. „ „ „	24. „ „ „ „ 6. „ „ „
25. „	26. „ „ „ „ 8. „ „ „	25. „ „ „ „ 7. „ „ „
26. „	27. „ „ „ „ 9. „ „ „	26. „ „ „ „ 8. „ „ „
27. „	28. „ „ „ „ 10. „ „ „	27. „ „ „ „ 9. „ „ „
28. „	29. „ „ „ „ 11. „ „ „	28. „ „ „ „ 10 „ „ „
29. „		29. „ „ „ „ 11. „ „ „

1. März	30. März d. J. bis 12. April d. J.	30. März d. J. bis 12. April d. J.
2. "	31. " " " " 13. " " "	31. " " " " 13. " " "
3. "	1. April " " " 14. " " "	1. April " " " 14. " " "
4. "	2. " " " " 15. " " "	2. " " " " 15. " " "
5. "	3. " " " " 16. " " "	3. " " " " 16. " " "
6. "	4. " " " " 17. " " "	4. " " " " 17. " " "
7. "	5. " " " " 18. " " "	5. " " " " 18. " " "
8. "	6. " " " " 19. " " "	6. " " " " 19. " " "
9. "	7. " " " " 20. " " "	7. " " " " 20. " " "
10. "	8. " " " " 21. " " "	8. " " " " 21. " " "
11. "	9. " " " " 22. " " "	9. " " " " 22. " " "
12. "	10. " " " " 23. " " "	10. " " " " 23. " " "
13. "	11. " " " " 24. " " "	11. " " " " 24. " " "
14. "	12. " " " " 25. " " "	12. " " " " 25. " " "
15. "	13. " " " " 26. " " "	13. " " " " 26. " " "
16. "	14. " " " " 27. " " "	14. " " " " 27. " " "
17. "	15. " " " " 28. " " "	15. " " " " 28. " " "
18. "	16. " " " " 29. " " "	16. " " " " 29. " " "
19. "	17. " " " " 30. " " "	17. " " " " 30. " " "
20. "	18. " " " " 1. Mai " "	18. " " " " 1. Mai " "
21. "	19. " " " " 2. " " "	19. " " " " 2. " " "
22. "	20. " " " " 3. " " "	20. " " " " 3. " " "
23. "	21. " " " " 4. " " "	21. " " " " 4. " " "
24. "	22. " " " " 5. " " "	22. " " " " 5. " " "
25. "	23. " " " " 6. " " "	23. " " " " 6. " " "

10*

Tag des Einganges des Antrages bei Gericht	Frist zur Abgabe der endgiltigen Aus- oder Übertrittserklärung, falls der Eingang des Antrages bei Gericht erfolgt ist in einem Nicht-Schaltjahr	Schaltjahr
26. März	24. April d. J. bis 7. Mai d. J.	24. April d. J. bis 7. Mai d. J.
27. "	25. " " " " 8. " " "	25. " " " " 8. " " "
28. "	26. " " " " 9. " " "	26. " " " " 9. " " "
29. "	27. " " " " 10. " " "	27. " " " " 10. " " "
30. "	28. " " " " 11. " " "	28. " " " " 11. " " "
31. "	29. " " " " 12. " " "	29. " " " " 12. " " "
1. April	30. April d. J. bis 13. Mai d. J.	30. April d. J. bis 13. Mai d. J.
2. "	1. Mai " " " 14. " " "	1. Mai " " " 14. " " "
3. "	2. " " " " 15. " " "	2. " " " " 15. " " "
4. "	3. " " " " 16. " " "	3. " " " " 16. " " "
5. "	4. " " " " 17. " " "	4. " " " " 17. " " "
6. "	5. " " " " 18. " " "	5. " " " " 18. " " "
7. "	6. " " " " 19. " " "	6. " " " " 19. " " "
8. "	7. " " " " 20. " " "	7. " " " " 20. " " "
9. "	8. " " " " 21. " " "	8. " " " " 21. " " "
10. "	9. " " " " 22. " " "	9. " " " " 22. " " "
11. "	10. " " " " 23. " " "	10. " " " " 23. " " "

12.	April	11.	Mai	d.	J.	bis	24.	Mai	d.	J.	11.	Mai	d.	J.	bis	24.	Mai	d.	J.
13.	„	12.	„	„	„	„	25.	„	„	„	12.	„	„	„	„	25.	„	„	„
14.	„	13.	„	„	„	„	26.	„	„	„	13.	„	„	„	„	26.	„	„	„
15.	„	14.	„	„	„	„	27.	„	„	„	14.	„	„	„	„	27.	„	„	„
16.	„	15.	„	„	„	„	28.	„	„	„	15.	„	„	„	„	28.	„	„	„
17.	„	16.	„	„	„	„	29.	„	„	„	16.	„	„	„	„	29.	„	„	„
18.	„	17.	„	„	„	„	30.	„	„	„	17.	„	„	„	„	30.	„	„	„
19.	„	18.	„	„	„	„	31.	„	„	„	18.	„	„	„	„	31.	„	„	„
20.	„	19.	„	„	„	„	1.	Juni	„	„	19.	„	„	„	„	1.	Juni	„	„
21.	„	20.	„	„	„	„	2.	„	„	„	20.	„	„	„	„	2.	„	„	„
22.	„	21.	„	„	„	„	3.	„	„	„	21.	„	„	„	„	3.	„	„	„
23.	„	22.	„	„	„	„	4.	„	„	„	22.	„	„	„	„	4.	„	„	„
24.	„	23.	„	„	„	„	5.	„	„	„	23.	„	„	„	„	5.	„	„	„
25.	„	24.	„	„	„	„	6.	„	„	„	24.	„	„	„	„	6.	„	„	„
26	„	25.	„	„	„	„	7.	„	„	„	25.	„	„	„	„	7.	„	„	„
27.	„	26.	„	„	„	„	8.	„	„	„	26.	„	„	„	„	8.	„	„	„
28.	„	27.	„	„	„	„	9.	„	„	„	27.	„	„	„	„	9.	„	„	„
29.	„	28.	„	„	„	„	10.	„	„	„	28.	„	„	„	„	10.	„	„	„
30.	„	29.	„	„	„	„	11.	„	„	„	29.	„	„	„	„	11.	„	„	„
1.	Mai	30.	Mai	d.	J.	bis	12.	Juni	d.	J.	30.	Mai	d.	J.	bis	12.	Juni	d.	J.
2.	„	31.	„	„	„	„	13.	„	„	„	31.	„	„	„	„	13.	„	„	„
3.	„	1.	Juni	„	„	„	14.	Juni	„	„	1.	Juni	„	„	„	14.	Juni	„	„
4.	„	2.	„	„	„	„	15.	„	„	„	2.	„	„	„	„	15.	„	„	„
5.	„	3.	„	„	„	„	16.	„	„	„	3.	„	„	„	„	16.	„	„	„
6.	„	4.	„	„	„	„	17.	„	„	„	4.	„	„	„	„	17.	„	„	„

Tag des Einganges des Antrages bei Gericht	Frist zur Abgabe der endgiltigen Aus- oder Übertrittserklärung, falls der Eingang des Antrages bei Gericht erfolgt ist in einem Nicht-Schaltjahr	Schaltjahr
7. Mai	5. Juni d. J. bis 18. Juni d. J.	5. Juni d. J. bis 18. Juni d. J.
8. „	6. „ „ „ „ 19. „ „ „	6. „ „ „ „ 19. „ „ „
9. „	7. „ „ „ „ 20. „ „ „	7. „ „ „ „ 20. „ „ „
10. „	8. „ „ „ „ 21. „ „ „	8. „ „ „ „ 21. „ „ „
11. „	9. „ „ „ „ 22. „ „ „	9. „ „ „ „ 22. „ „ „
12. „	10. „ „ „ „ 23. „ „ „	10. „ „ „ „ 23. „ „ „
13. „	11. „ „ „ „ 24. „ „ „	11. „ „ „ „ 24. „ „ „
14. „	12. „ „ „ „ 25. „ „ „	12. „ „ „ „ 25. „ „ „
15. „	13. „ „ „ „ 26. „ „ „	13. „ „ „ „ 26. „ „ „
16. „	14. „ „ „ „ 27. „ „ „	14. „ „ „ „ 27. „ „ „
17. „	15. „ „ „ „ 28. „ „ „	15. „ „ „ „ 28. „ „ „
18. „	16. „ „ „ „ 29. „ „ „	16. „ „ „ „ 29. „ „ „
19. „	17. „ „ „ „ 30. „ „ „	17. „ „ „ „ 30. „ „ „
20. „	18. „ „ „ „ 1. Juli „ „	18. „ „ „ „ 1. Juli „ „
21. „	29. „ „ „ „ 2. „ „ „	19. „ „ „ „ 2. „ „ „
22. „	20. „ „ „ „ 3. „ „ „	20. „ „ „ „ 3. „ „ „
23. „	21. „ „ „ „ 4. „ „ „	21. „ „ „ „ 4. „ „ „
24. „	22. „ „ „ „ 5. „ „ „	22. „ „ „ „ 5. „ „ „

25.	Mai	23.	Juni	d.	J.	bis	6.	Juli	d.	J.	23.	Juni	d.	J.	bis	6.	Juli	d.	J.
26.	=	24.	=	=	=	=	7.	=	=	=	24.	=	=	=	=	7.	=	=	=
27.	=	25.	=	=	=	=	8.	=	=	=	25.	=	=	=	=	8.	=	=	=
28.	=	26.	=	=	=	=	9.	=	=	=	26.	=	=	=	=	9.	=	=	=
29.	=	27.	=	=	=	=	10.	=	=	=	27.	=	=	=	=	10.	=	=	=
30.	=	28.	=	=	=	=	11.	=	=	=	28.	=	=	=	=	11.	=	=	=
31.	=	29.	=	=	=	=	12.	=	=	=	29.	=	=	=	=	12.	=	=	=
1.	Juni	30.	Juni	d.	J.	bis	13.	Juli	d.	J.	30.	Juni	d.	J.	bis	13.	Juli	d.	J.
2.	=	1.	Juli	=	=	=	14.	=	=	=	1.	Juli	=	=	=	14.	=	=	=
3.	=	2.	=	=	=	=	15.	=	=	=	2.	=	=	=	=	15.	=	=	=
4.	=	3.	=	=	=	=	16.	=	=	=	3.	=	=	=	=	16.	=	=	=
5.	=	4.	=	=	=	=	17.	=	=	=	4.	=	=	=	=	17.	=	=	=
6.	=	5.	=	=	=	=	18.	=	=	=	5.	=	=	=	=	18.	=	=	=
7.	=	6.	=	=	=	=	19.	=	=	=	6.	=	=	=	=	19.	=	=	=
8.	=	7.	=	=	=	=	20.	=	=	=	7.	=	=	=	=	20.	=	=	=
9.	=	8.	=	=	=	=	21.	=	=	=	8.	=	=	=	=	21.	=	=	=
10.	=	9.	=	=	=	=	22.	=	=	=	9.	=	=	=	=	22.	=	=	=
11.	=	10.	=	=	=	=	23.	=	=	=	10.	=	=	=	=	23.	=	=	=
12.	=	11.	=	=	=	=	24.	=	=	=	11.	=	=	=	=	24.	=	=	=
13.	=	12.	=	=	=	=	25.	=	=	=	12.	=	=	=	=	25.	=	=	=
14.	=	13.	=	=	=	=	26.	=	=	=	13.	=	=	=	=	26.	=	=	=
15.	=	14.	=	=	=	=	27.	=	=	=	14.	=	=	=	=	27.	=	=	=
16.	=	15.	=	=	=	=	28.	=	=	=	15.	=	=	=	=	28.	=	=	=
17.	=	16.	=	=	=	=	29.	=	=	=	16.	=	=	=	=	29.	=	=	=
18.	=	17.	=	=	=	=	30.	=	=	=	17.	=	=	=	=	30.	=	=	=

Tag des Einganges des Antrages bei Gericht	Frist zur Abgabe der endgiltigen Aus- oder Übertrittserklärung, falls der Eingang des Antrages bei Gericht erfolgt ist in einem Nicht-Schaltjahr	Schaltjahr
19. Juni	18. Juli d. J. bis 31. Juli d. J.	18. Juli d. J. bis 31. Juli d. J.
20. „	19. „ „ „ „ 1. August „ „	19. „ „ „ „ 1. August „ „
21. „	20. „ „ „ „ 2. „ „ „	20. „ „ „ „ 2. „ „ „
22. „	21. „ „ „ „ 3. „ „ „	21. „ „ „ „ 3. „ „ „
23. „	22. „ „ „ „ 4. „ „ „	22. „ „ „ „ 4. „ „ „
24. „	23. „ „ „ „ 5. „ „ „	23. „ „ „ „ 5. „ „ „
25. „	24. „ „ „ „ 6. „ „ „	24. „ „ „ „ 6. „ „ „
26. „	25. „ „ „ „ 7. „ „ „	25. „ „ „ „ 7. „ „ „
27. „	26. „ „ „ „ 8. „ „ „	26. „ „ „ „ 8. „ „ „
28. „	27. „ „ „ „ 9. „ „ „	27. „ „ „ „ 9. „ „ „
29. „	28. „ „ „ „ 10. „ „ „	28. „ „ „ „ 10. „ „ „
30. „	29. „ „ „ „ 11. „ „ „	29. „ „ „ „ 11. „ „ „
1. Juli	30. Juli d. J. bis 12. August d. J.	30. Juli d. J. bis 12. August d. J.
2. „	31. „ „ „ „ 13. „ „ „	31. „ „ „ „ 13. „ „ „
3. „	1. August „ „ „ 14. „ „ „	1. August „ „ „ 14. „ „ „
4. „	2. „ „ „ „ 15. „ „ „	2. „ „ „ „ 15. „ „ „
5. „	3. „ „ „ „ 16. „ „ „	3. „ „ „ „ 16. „ „ „

6.	Juli	4. August = = =	17. August d. J.	4. August d. J. bis	17. August d. J.
7.	=	5. = = = =	18. = = =	5. = = = =	18. = = =
8.	=	6. = = = =	19. = = =	6. = = = =	19. = = =
9.	=	7. = = = =	20. = = =	7. = = = =	20. = = =
10.	=	8. = = = =	21. = = =	8. = = = =	21. = = =
11.	=	9. = = = =	22. = = =	9. = = = =	22. = = =
12.	=	10. = = = =	23. = = =	10. = = = =	23. = = =
13.	=	11. = = = =	24. = = =	11. = = = =	24. = = =
14.	=	12. = = = =	25. = = =	12. = = = =	25. = = =
15.	=	13. = = = =	26. = = =	13. = = = =	26. = = =
16.	=	14. = = = =	27. = = =	14. = = = =	27. = = =
17.	=	15. = = = =	28. = = =	15. = = = =	28. = = =
18.	=	16. = = = =	29. = = =	16. = = = =	29. = = =
19.	=	17. = = = =	30. = = =	17. = = = =	30. = = =
20.	=	18. = = = =	31. = = =	18. = = = =	31. = = =
21.	=	19. = = = =	1. Sept. = =	19. = = = =	1. Sept. = =
22.	=	20. = = = =	2. = = =	20. = = = =	2. = = =
23.	=	21. = = = =	3. = = =	21. = = = =	3. = = =
24.	=	22. = = = =	4. = = =	22. = = = =	4. = = =
25.	=	23. = = = =	5. = = =	23. = = = =	5. = = =
26.	=	24. = = = =	6. = = =	24. = = = =	6. = = =
27.	=	25. = = = =	7. = = =	25. = = = =	7. = = =
28.	=	26. = = = =	8. = = =	26. = = = =	8. = = =
29.	=	27. = = = =	9. = = =	27. = = = =	9. = = =

Tag des Einganges des Antrages bei Gericht	Frist zur Abgabe der endgiltigen Aus- oder Übertrittserklärung, falls der Eingang des Antrages bei Gericht erfolgt ist in einem Nicht-Schaltjahr	Schaltjahr
30. Juli	28. August d. J. bis 10. Sept. d. J.	28. August d. J. bis 10. Sept. d. J.
31. „	29. „ „ „ „ 11. „ „ „	29. „ „ „ „ 11. „ „ „
1. August	30. August d. J. bis 12. Sept. d. J.	30. August d. J. bis 12. Sept. d. J.
2. „	31. „ „ „ „ 13. „ „ „	31. „ „ „ „ 13. „ „ „
3. „	1. Sept. „ „ „ 14. „ „ „	1. Sept. „ „ „ 14. „ „ „
4. „	2. „ „ „ „ 15. „ „ „	2. „ „ „ „ 15. „ „ „
5. „	3. „ „ „ „ 16. „ „ „	3. „ „ „ „ 16. „ „ „
6. „	4. „ „ „ „ 17. „ „ „	4. „ „ „ „ 17. „ „ „
7. „	5. „ „ „ „ 18. „ „ „	5. „ „ „ „ 18. „ „ „
8. „	6. „ „ „ „ 19. „ „ „	6. „ „ „ „ 19. „ „ „
9. „	7. „ „ „ „ 20. „ „ „	7. „ „ „ „ 20. „ „ „
10. „	8. „ „ „ „ 21. „ „ „	8. „ „ „ „ 21. „ „ „
11. „	9. „ „ „ „ 22. „ „ „	9. „ „ „ „ 22. „ „ „
12. „	10. „ „ „ „ 23. „ „ „	10. „ „ „ „ 23. „ „ „
13. „	11. „ „ „ „ 24. „ „ „	11. „ „ „ „ 24. „ „ „
14. „	12. „ „ „ „ 25. „ „ „	12. „ „ „ „ 25. „ „ „
15. „	13. „ „ „ „ 26. „ „ „	13. „ „ „ „ 26. „ „ „

16. August	14. Sept. d. J. bis 27. Sept. d. J.	14. Sept. d. J. bis 27. Sept. d. J.
17. „	15. „ „ „ „ 28. „ „ „	15. „ „ „ „ 28. „ „ „
18. „	16. „ „ „ „ 29. „ „ „	16. „ „ „ „ 29. „ „ „
19. „	17. „ „ „ „ 30. „ „ „	17. „ „ „ „ 30. „ „ „
20. „	18. „ „ „ „ 1. Okt. „ „	18. „ „ „ „ 1. Okt. „ „
21. „	19. „ „ „ „ 2. „ „ „	19. „ „ „ „ 2. „ „ „
22. „	20. „ „ „ „ 3. „ „ „	20. „ „ „ „ 3. „ „ „
23. „	21. „ „ „ „ 4. „ „ „	21. „ „ „ „ 4. „ „ „
24. „	22. „ „ „ „ 5. „ „ „	22. „ „ „ „ 5. „ „ „
25. „	23. „ „ „ „ 6. „ „ „	23. „ „ „ „ 6. „ „ „
26. „	24. „ „ „ „ 7. „ „ „	24. „ „ „ „ 7. „ „ „
27. „	25. „ „ „ „ 8. „ „ „	25. „ „ „ „ 8. „ „ „
28. „	26. „ „ „ „ 9. „ „ „	26. „ „ „ „ 9. „ „ „
29. „	27. „ „ „ „ 10. „ „ „	27. „ „ „ „ 10. „ „ „
30. „	28. „ „ „ „ 11. „ „ „	28. „ „ „ „ 11. „ „ „
31. „	29. „ „ „ „ 12. „ „ „	29. „ „ „ „ 12. „ „ „
1. September	30. Sept. d. J. bis 13. Okt. d. J.	30. Sept. d. J. bis 13. Okt. d. J.
2. „	1. Okt. „ „ „ 14. „ „ „	1. Okt. „ „ „ 14. „ „ „
3. „	2. „ „ „ „ 15. „ „ „	2. „ „ „ „ 15. „ „ „
4. „	3. „ „ „ „ 16. „ „ „	3. „ „ „ „ 16. „ „ „
5. „	4. „ „ „ „ 17. „ „ „	4. „ „ „ „ 17. „ „ „
6. „	5. „ „ „ „ 18. „ „ „	5. „ „ „ „ 18. „ „ „
7. „	6. „ „ „ „ 19. „ „ „	6. „ „ „ „ 19. „ „ „
8. „	7. „ „ „ „ 20. „ „ „	7. „ „ „ „ 20. „ „ „
9. „	8. „ „ „ „ 21. „ „ „	8. „ „ „ „ 21. „ „ „

Tag des Einganges des Antrages bei Gericht	Frist zur Abgabe der endgiltigen Aus- oder Übertrittserklärung, falls der Eingang des Antrages bei Gericht erfolgt ist in einem Nicht-Schaltjahr	Schaltjahr
10. September	9. Okt. d. J. bis 22. Okt. d. J.	9. Okt. d. J. bis 22. Okt. d. J.
11. "	10. " " " " 23. " " "	10. " " " " 23. " " "
12. "	11. " " " " 24. " " "	11. " " " " 24. " " "
13. "	12. " " " " 25. " " "	12. " " " " 25. " " "
14. "	13. " " " " 26. " " "	13. " " " " 26. " " "
15. "	14. " " " " 27. " " "	14. " " " " 27. " " "
16. "	15. " " " " 28. " " "	15. " " " " 28. " " "
17. "	16. " " " " 29. " " "	16. " " " " 29. " " "
18. "	17. " " " " 30. " " "	17. " " " " 30. " " "
19. "	18. " " " " 31. " " "	18. " " " " 31. " " "
20. "	19. " " " " 1. Nov. " "	19. " " " " 1. Nov. " "
21. "	20. " " " " 2. " " "	20. " " " " 2. " " "
22. "	21. " " " " 3. " " "	21. " " " " 3. " " "
23. "	22. " " " " 4. " " "	22. " " " " 4. " " "
24. "	23. " " " " 5. " " "	23. " " " " 5. " " "
25. "	24. " " " " 6. " " "	24. " " " " 6. " " "
26. "	25. " " " " 7. " " "	25. " " " " 7. " " "
27. "	26. " " " " 8. " " "	26. " " " " 8. " " "

28.	September	27. Okt. d. J. bis 9. Nov. d. J.	27. Okt. d. J. bis 9. Nov. d. J.
29.	„	28. „ „ „ „ 10. „ „ „	28. „ „ „ „ 10. „ „ „
30.	„	29. „ „ „ „ 11. „ „ „	29. „ „ „ „ 11. „ „ „
1.	Oktober	30. Okt. d. J. bis 12. Nov. d. J.	30. Okt. d. J. bis 12. Nov. d. J.
2.	„	31. „ „ „ „ 13. „ „ „	31. „ „ „ „ 13. „ „ „
3.	„	1. Nov. „ „ „ 14. „ „ „	1. Nov. „ „ „ 14. „ „ „
4.	„	2. „ „ „ „ 15. „ „ „	2. „ „ „ „ 15. „ „ „
5.	„	3. „ „ „ „ 16. „ „ „	3. „ „ „ „ 16. „ „ „
6.	„	4. „ „ „ „ 17. „ „ „	4. „ „ „ „ 17. „ „ „
7.	„	5. „ „ „ „ 18. „ „ „	5. „ „ „ „ 18. „ „ „
8.	„	6. „ „ „ „ 19. „ „ „	6. „ „ „ „ 19. „ „ „
9.	„	7. „ „ „ „ 20. „ „ „	7. „ „ „ „ 20. „ „ „
10.	„	8. „ „ „ „ 21. „ „ „	8. „ „ „ „ 21. „ „ „
11.	„	9. „ „ „ „ 22. „ „ „	9. „ „ „ „ 22. „ „ „
12.	„	10. „ „ „ „ 23. „ „ „	10. „ „ „ „ 23. „ „ „
13.	„	11. „ „ „ „ 24. „ „ „	11. „ „ „ „ 24. „ „ „
14.	„	12. „ „ „ „ 25. „ „ „	12. „ „ „ „ 25. „ „ „
15.	„	13. „ „ „ „ 26. „ „ „	13. „ „ „ „ 26. „ „ „
16.	„	14. „ „ „ „ 27. „ „ „	14. „ „ „ „ 27. „ „ „
17.	„	15. „ „ „ „ 28. „ „ „	15. „ „ „ „ 28. „ „ „
18.	„	16. „ „ „ „ 29. „ „ „	16. „ „ „ „ 29. „ „ „
19.	„	17. „ „ „ „ 30. „ „ „	17. „ „ „ „ 30. „ „ „
20.	„	18. „ „ „ „ 1. Dez. „ „	18. „ „ „ „ 1. Dez. „ „
21.	„	19. „ „ „ „ 2. „ „ „	19. „ „ „ „ 2. „ „ „
22.	„	20. „ „ „ „ 3. „ „ „	20. „ „ „ „ 3. „ „ „

Tag des Einganges des Antrages bei Gericht	Frist zur Abgabe der endgiltigen Aus- oder Übertrittserklärung, falls der Eingang des Antrages bei Gericht erfolgt ist in einem Nicht-Schaltjahr	Schaltjahr
23. Oktober	21. Nov. d. J. bis 4. Dez. d. J.	21. Nov. d. J. bis 4. Dez. d. J.
24. „	22. „ „ „ „ 5. „ „ „	22. „ „ „ „ 5. „ „ „
25. „	23. „ „ „ „ 6. „ „ „	23. „ „ „ „ 6. „ „ „
26. „	24. „ „ „ „ 7. „ „ „	24. „ „ „ „ 7. „ „ „
27. „	25. „ „ „ „ 8. „ „ „	25. „ „ „ „ 8. „ „ „
28. „	26. „ „ „ „ 9. „ „ „	26. „ „ „ „ 9. „ „ „
29. „	27. „ „ „ „ 10. „ „ „	27. „ „ „ „ 10. „ „ „
30. „	28. „ „ „ „ 11. „ „ „	28. „ „ „ „ 11. „ „ „
31. „	29. „ „ „ „ 12. „ „ „	29. „ „ „ „ 12. „ „ „
1. November	30. Nov. d. J. bis 13. Dez. d. J.	30. Nov. d. J. bis 13. Dez. d. J.
2. „	1. Dez. „ „ „ 14. „ „ „	1. Dez. „ „ „ 14. „ „ „
3. „	2. „ „ „ „ 15. „ „ „	2. „ „ „ „ 15. „ „ „
4. „	3. „ „ „ „ 16. „ „ „	3. „ „ „ „ 16. „ „ „
5. „	4. „ „ „ „ 17. „ „ „	4. „ „ „ „ 17. „ „ „
6. „	5. „ „ „ „ 18. „ „ „	5. „ „ „ „ 18. „ „ „
7. „	6. „ „ „ „ 19. „ „ „	6. „ „ „ „ 19. „ „ „
8. „	7. „ „ „ „ 20. „ „ „	7. „ „ „ „ 20. „ „ „

9. November	8. Dez. d. J. bis 21. Dez. d. J.	8. Dez. d. J. bis 21. Dez. d. J.
10. „	9. „ „ „ „ 22. „ „ „	9. „ „ „ „ 22. „ „ „
11. „	10. „ „ „ „ 23. „ „ „	10. „ „ „ „ 23. „ „ „
12. „	11. „ „ „ „ 24. „ „ „	11. „ „ „ „ 24. „ „ „
13. „	12. „ „ „ „ **27.** „ „ „	12. „ „ „ „ **27.** „ „ „
14. „	13. „ „ „ „ **27.** „ „ „	13. „ „ „ „ **27.** „ „ „
15. „	14. „ „ „ „ 27. „ „ „	14. „ „ „ „ 27. „ „ „
16. „	15. „ „ „ „ 28. „ „ „	15. „ „ „ „ 28. „ „ „
17. „	16. „ „ „ „ 29. „ „ „	16. „ „ „ „ 29. „ „ „
18. „	17. „ „ „ „ 30. „ „ „	17. „ „ „ „ 30. „ „ „
19. „	18. „ „ „ „ 31. „ „ „	18. „ „ „ „ 31. „ „ „
20. „	19. „ „ „ „ **2.** Jan. n. J.	19. „ „ „ „ **2.** Jan. n. J.
21. „	20. „ „ „ „ 2. „ „ „	20. „ „ „ „ 2. „ „ „
22. „	21. „ „ „ „ 3. „ „ „	21. „ „ „ „ 3. „ „ „
23. „	22. „ „ „ „ 4. „ „ „	22. „ „ „ „ 4. „ „ „
24. „	23. „ „ „ „ 5. „ „ „	23. „ „ „ „ 5. „ „ „
25. „	24. „ „ „ „ 6. „ „ „	24. „ „ „ „ 6. „ „ „
26. „	25. „ „ „ „ 7. „ „ „	25. „ „ „ „ 7. „ „ „
27. „	26. „ „ „ „ 8. „ „ „	26. „ „ „ „ 8. „ „ „
28. „	27. „ „ „ „ 9. „ „ „	27. „ „ „ „ 9. „ „ „
29. „	28. „ „ „ „ 10. „ „ „	28. „ „ „ „ 10. „ „ „
30. „	29. „ „ „ „ 11. „ „ „	29. „ „ „ „ 11. „ „ „

(Fortsetzung Dezember nächste Seite.)

Tag des Einganges des Antrages bei Gericht	Frist zur Abgabe der endgiltigen Aus- oder Übertrittserklärung, falls der Eingang des Antrages bei Gericht erfolgt ist in einem Nicht-Schaltjahr	Schaltjahr
1. Dezember	30. Dez. d. J. bis 12. Jan. n. J.	30. Dez. d. J. bis 12. Jan. n. J.
2. „	31. „ „ „ „ 13. „ „ „	31. „ „ „ „ 13. „ „ „
3. „	1. Jan. n. J. „ 14. „ „ „	1. Jan. n. J. „ 14. „ „ „
4. „	2. „ „ „ „ 15. „ „ „	2. „ „ „ „ 15. „ „ „
5. „	3. „ „ „ „ 16. „ „ „	3. „ „ „ „ 16. „ „ „
6. „	4. „ „ „ „ 17. „ „ „	4. „ „ „ „ 17. „ „ „
7. „	5. „ „ „ „ 18. „ „ „	5. „ „ „ „ 18. „ „ „
8. „	6. „ „ „ „ 19. „ „ „	6. „ „ „ „ 19. „ „ „
9. „	7. „ „ „ „ 20. „ „ „	7. „ „ „ „ 20. „ „ „
10. „	8. „ „ „ „ 21. „ „ „	8. „ „ „ „ 21. „ „ „
11. „	9. „ „ „ „ 22. „ „ „	9. „ „ „ „ 22. „ „ „
12. „	10. „ „ „ „ 23. „ „ „	10. „ „ „ „ 23. „ „ „
13. „	11. „ „ „ „ 24. „ „ „	11. „ „ „ „ 24. „ „ „
14. „	12. „ „ „ „ 25. „ „ „	12. „ „ „ „ 25. „ „ „
15. „	13. „ „ „ „ 26. „ „ „	13. „ „ „ „ 26. „ „ „
16. „	14. „ „ „ „ 27. „ „ „	14. „ „ „ „ 27. „ „ „
17. „	15. „ „ „ „ 28. „ „ „	15. „ „ „ „ 28. „ „ „
18. „	16. „ „ „ „ 29. „ „ „	16. „ „ „ „ 29. „ „ „

19. Dezember	17. Jan. n. J. bis 30. Jan. n. J.	17. Jan. n. J. bis 30. Jan. n. J.
20. „	18. „ „ „ „ 31. „ „ „	18. „ „ „ „ 31. „ „ „
21. „	19. „ „ „ „ 1. Febr. „ „	19. „ „ „ „ 1. Febr. „ „
22. „	20. „ „ „ „ 2. „ „ „	20. „ „ „ „ 2. „ „ „
23. „	21. „ „ „ „ 3. „ „ „	21. „ „ „ „ 3. „ „ „
24. „	22. „ „ „ „ 4. „ „ „	22. „ „ „ „ 4. „ „ „
25. „	23. „ „ „ „ 5. „ „ „	23. „ „ „ „ 5. „ „ „
26. „	24. „ „ „ „ 6. „ „ „	24. „ „ „ „ 6. „ „ „
27. „	25. „ „ „ „ 7. „ „ „	25. „ „ „ „ 7. „ „ „
28. „	26. „ „ „ „ 8. „ „ „	26. „ „ „ „ 8. „ „ „
29. „	27. „ „ „ „ 9. „ „ „	27. „ „ „ „ 9. „ „ „
30. „	28. „ „ „ „ 10. „ „ „	28. „ „ „ „ 10. „ „ „
31. „	29. „ „ „ „ 11. „ „ „	29. „ „ „ „ 11. „ „ „

V. Formulare.

(Die abgedruckten Formulare sind die amtlichen Formulare des Königl. Amtsgerichts Berlin-Mitte.)

1. Antrag.

Berlin, den __ten __________ 19__

Einem Königlichen Amtsgericht Berlin-Mitte melde__ d___ Unterzeichnete__ hiermit den Austritt aus der Landeskirche an.

Vor- und Zuname	Stand	Wohnung	Religion

2. Vorlegung des Antrages. Verfügungen.

Austritt aus der Kirche.

Verfügung.

1. Abschrift beiliegenden Antrages ist dem Vorstande der ________ ______ Kirchengemeinde in ________ zuzustellen.
2. Nachricht zu 1 de_ Antragsteller_ nach Formular A. G. I. Nr. 53 mit Fristbestimmung vom ______ bis ________ einschl.
3. Wiedervorzulegen nach 6 Wochen nötigenfalls.

______, den ______ 19__

Verfügung.

Zu den Akten.

______, den ______ 19__

Kostenrechnung.

1. Gebühr für das Verfahren (§ 107 des Preuß. Gerichtskostengesetzes)	__M.	Pf.
2. Schreibgebühren (§ 113 Nr. 1, § 114 a. a. O.)	__ „	__ „
3. Porto (§ 113 Nr. 2 a. a. O.)	__ „	__ „
	__M.	__Pf.

Vorgelegt mit dem Antrage vom ________

______, den ______ 19_

____
Gerichtsschreiber.

Vorgelegt, da die Anmeldung der Austrittserklärung de_ Antragsteller ________

____

wirkungslos geworden ist.

______, den ______ 19__

____
Gerichtsschreiber.

A. G. I.

Formular Nr. 54. Vorlegung des Antrags auf Aufnahme einer Austrittserklärung aus der Kirche. (Ges. vom 14. Mai 1873 § 2; Allg. Verf. vom 13. Juni 1873 Ziffer 2 — JMBl. S. 183 —).

3. Benachrichtigung der Kirche vom Antrage.

Königliches Amtsgericht

Abteilung

den ___ten ________ 19__

> **Bei Antwortschreiben ist in der äußeren Aufschrift folgende Postadresse zu verzeichnen:**
> **Amtsgericht Berlin-Mitte**
> C. 2, Neue Friedrichstr. 12/17.

Dem Gemeindekirchenrate — Vorstande — übersenden wir umseitig ergebenst Abschrift der am ___ten ______ Monats hier eingegangenen Anmeldung

zur gefälligen Kenntnisnahme.

An

den Gemeindekirchenrat — Vorstand —

der ____________ Kirchengemeinde

zu Händen des Herrn ____________

Hochehrwürden

hier.

Abt. E. R.______/100.

A. G. I.

Formular 35. Anmeldung des Austritts aus der Landeskirche.

den ___ten ___________ 19___

Einem Königlichen Amtsgericht melde___ d___ Unterzeichnete___ hiermit den Austritt aus der Landeskirche an.

Vor- und Zuname	Stand	Wohnung	Religion

4. Benachrichtigungsschreiben an den Antragsteller.

Königliches Amtsgericht. ______, den ______ 19__.

Geschäftsnummer ______

Bei Antwortschreiben ist die vorstehende Geschäftsnummer anzugeben.

Bei Antwortschreiben ist in der äußeren Aufschrift folgende Postadresse zu verzeichnen:
Amtsgericht Berlin-Mitte
C. 2, Neue Friedrichstr. 12/17.

Ihr Antrag auf Aufnahme der Austrittserklärung aus der ______ Kirche — Religionsgemeinschaft — vom ______ ist am ______ hier eingegangen und dem Vorstande der Kirchengemeinde — Religionsgemeinschaft — mitgeteilt worden. Es steht Ihnen nunmehr frei sich an jedem Geschäftstage innerhalb der gesetzlich vorgeschriebenen 14 tägigen Frist vom ______ bis ______ einschließlich zur Abgabe der Austrittserklärung an der Gerichtsstelle während der Geschäftsstunden von 11 Uhr vormittags bis 1 Uhr mittags zu melden.

Die Anberaumung eines Termins zur Aufnahme der Austrittserklärung findet nicht statt.

(gez.)

Ausgefertigt

______

Gerichtsschreiber des Königlichen Amtsgerichts.

A. G. I.
Formular Nr. 53. Nachricht an den Antragsteller vom Eingange des Antrags auf Aufnahme der Austrittserklärung aus der Kirche. (Ges. vom 14. Mai 1873 § 2; Allg. Verf. vom 13. Juni 1873 Ziffer 2 — JMBl. S. 183 —).

5. Verhandlungsprotokoll.

Königliches Amtsgericht. ______, den ______ 19__
Abteilung ___

Gegenwärtig:

____
als Richter.

Verfügung.

1. Austrittsbescheinigung nach Formular A. G. I. Nr. 57 zu erteilen.
2. Eine beglaubigte Abschrift der Verhandlung ist nach Formular A. G. I. Nr. 56
   An
   den Vorstand der ______
   ______ Kirchengemeinde
   in
   ____
   zuzustellen.
3. Einzutragen in das alphabetische Namensverzeichnis.

______, den ______ 19__

Kostenrechnung.

1. Gebühr für das Verfahren (§ 107 des Preuß. Gerichtskostengesetzes)	__M.	__Pf.
2. Schreibgebühren (§ 113 Nr. 1, § 114 a. a. O.)	__ „	__ „
3. Porto (§ 113 Nr. 2 a. a. O.)	__ „	__ „
	__M.	__Pf.

Es erschien

____
____
____
____
____
____
____
____
____

— D__ Erschienene__ dem Richter bekannt —
Die Persönlichkeit d__ Erschienenen wurde ______________
____
____
____
____

A. G. I.
Formular Nr. 55. **Erklärung des Austritts aus der Kirche** (Ges. vom 14. Mai 1873 § 2; Allg. Verf. vom 13. Juni 1873 Ziff. 2 und 3 — JMBl. S. 183 —).

D_ Erschienene_ erklärte_:
Unter Bezugnahme auf meine — unsere — Eingabe_ vom ____________________ ______ erkläre_ ich — wir — meinen — unseren — Austritt aus der ________________ Kirche — ________________ Religionsgemeinschaft — und bitte_ um Erteilung einer Bescheinigung dieses Austritts.

Das Protokoll wurde de_ Erschienenen vorgelesen, von ih_ genehmigt und wie folgt eigenhändig unterschrieben.

6. Bescheinigung.

Geschäftsnummer.

Bescheinigung.

D______________________________

____

hat laut Protokolls vom _______________ seinen — ihren — Austritt aus — der Religionsgemeinschaft — der _______________________________ unter Beobachtung der durch das Gesetz vom 14. Mai 1873 vorgeschriebenen Form erklärt.

Zum Beweise dessen ist die vorliegende Bescheinigung ausgefertigt worden.

_______, den _______ 19__

Königliches Amtsgericht, Abteilung__

A. G. I.
Formular Nr. 57. Bescheinigung über den Austritt aus der Kirche (Gesetz vom 14. Mai 1873, § 2; Allg. Verf. vom 13. Juni 1873, Ziffer 3. — JMBl. S. 183 —).

7. Benachrichtigung der Kirche vom erfolgten Aus- oder Übertritt.

Königliches Amtsgericht. ______, den __ten ______ 19__

Abteilung__

Bei Antwortschreiben ist in der äußeren Aufschrift folgende Postadresse zu verzeichnen:
Amtsgericht Berlin-Mitte
C. 2, Neue Friedrichstr. 12/17.

Dem Vorstande übersenden wir eine beglaubigte Abschrift der heutigen Verhandlung zur gefälligen Kenntnisnahme.

Beglaubigte Abschrift.

Königliches Amtsgericht. ______, den __ten ______ 19__

Abteilung__

Es erschien

Gegenwärtig:

______

als Richter

______

______

An
den Vorstand der ______Kirchengemeinde
hier.

A. G. I.

Formular Nr. 56. Nachricht an den Kirchenvorstand von dem Austritt aus der Kirche (Gesetz vom 14. Mai 1873, § 2; Allg. Verf. vom 13. Juni 1873 Ziffer 2 — JMBl. S. 183 —).

— D__ Erschienene__ dem Richter bekannt —
— Die Persönlichkeit de__ Erschienenen wurde

____

____

D__ Erschienene__ erklärte__:

Unter Bezugnahme auf meine — unsere — Eingabe__ vom ______ erkläre ich — wir — meinen — unseren Austritt aus der ____________ Kirche — ________________ Religionsgemeinschaft — und bitte__ um Erteilung einer Bescheinigung dieses Austritts.

Das Protokoll wurde de__ Erschienenen vorgelesen, von ih__ genehmigt und wie folgt eigenhändig unterschrieben.

Die Übereinstimmung der vorstehenden Abschrift mit der Urschrift des Verhandlungsprotokolls wird bezeugt

________________, den ____________ 19__

____

Gerichtsschreiber des Königlichen Amtsgerichts.

8. Übersendungsschreiben an die Polizei.

An
den Herrn Polizei-Präsidenten
(Einwohner-Meldeamt)
hier.

In der Anlage übersendet das unterzeichnete Amtsgericht
Anzeigen über am ___ten ____________ 19__
vollzogene Austritte von Einwohnern des Stadtkreises Berlin aus ihrer bisherigen Religionsgemeinschaft, darunter ___ Übertritte zu einer anderen staatlich anerkannten Religionsgemeinschaft.

Berlin, den ___ten ____________ 19__.

Königliches Amtsgericht Berlin-Mitte, Abteilung 86.

86 G.

9. Nachricht an die Polizei.

Amtsgericht ________ Abteilung ________

Die nachstehend genannte__ Person__ ist — sind — aus der Religionsgemeinschaft der _____ Christen, Juden _____ ausgetreten und zur Religionsgemeinschaft der _____ Christen, Juden, _____ übergetreten — aus der Synagogengemeinde ausgetreten und ha__ sich der ________ Gemeinde angeschlossen.

Vor- und Zuname	Geburts-ort	Ge-burts-tag	Wohnung	V.
				1. Das große Registerblatt ist berichtigt. 2. Dem __ Polizeirevier zur Berichtigung des Revierbuches und des kleinen Registerblattes. 3. An Abteilung VII abzugeben. Berlin, den _____ 19__ Einwohner-Melde-Amt. J. A.

VI. Sachregister.

(Die Zahlen bezeichnen die Seiten.)

A.

B.

H.

J.

K.

N.

Q.

R.

T.

U.

Z.

Druck von A. W. Hayn's Erben (Curt Gerber), Potsdam.

änderte und sehr vermehrte Auflage von Stadtrat Dr. **Karl Flesch** in Verbindung mit Dr. **Friedr. Hiller** u. Dr. **Herm. Luppe.** 1910. 4 M.

7. **Post- und Telegraphen-Gesetzgebung.** Nebst Weltpostvertrag und internationalem Telegraphenvertrag. 6. Aufl. von Geh. Ober-Postrat Dr. **M. König.** 1908. 4 M.

8. Die Reichsgesetze über den **Unterstützungswohnsitz, die Freizügigkeit, den Erwerb und Verlust der Bundes- und Staatsangehörigkeit.** Von Geheimrat Dr. **J. Krech,** Mitglied d. Bundesamtes für das Heimatwesen. 7. Aufl. Mit Anhang: Gesetz für Elsaß-Lothringen v. 1909. 1908. 3 M.

9. **Sammlung kleinerer strafrechtlicher Reichsgesetze.** Von Dr. **N. H. Kriegsmann,** Privatdozent in Kiel. 3. Aufl. 1910. 4 M.

10. **Das Reichsbeamtengesetz** von **J. Pieper.** 2. Aufl. 1901. 4 M. 50 Pf.

— Gesetz von 1907 siehe Nr. 82.

11. **Zivilprozeßordnung mit Gerichtsverfassungsgesetz** in den neuesten Fassungen. Von **R. Sydow.** Fortgeführt von **L. Busch.** 13. Aufl. 8°. 1910. 7 M.

12. **Strafprozeßordnung und Gerichtsverfassungsgesetz** nebst den Gesetzen, betr. die Entschädigung der im Wiederaufnahmeverfahren freigesprochenen Personen und die Entschädigung für unschuldig erlittene Untersuchungshaft. Von Dr. **A. Hellweg**, Reichsgerichtsrat. 15. Aufl. 1908. 2 M.

13. **Konkursordnung und Anfechtungsgesetz.** Von **R. Sydow.** Fortgeführt von **L. Busch.** 11. Aufl. 1911. 2 M. 80 Pf.

14. **Gerichtsverfassungsgesetz** mit Einführungsgesetz. Herausgegeben von **R. Sydow.** Fortgeführt von **L. Busch.** 9. Aufl. 1905. Mit Nachtrag v. 1. VI. 1909. 1 M. 50 Pf.

15. **Das Deutsche Gerichtskostengesetz** nebst den Gebührenordnungen für Gerichtsvollzieher, Zeugen und Sachverständige. Von **R. Sydow.** Weiter bearbeitet von **L. Busch.** 8. Aufl. 1907. Mit Nachtrag v. 1. VI. 1909. 2 M.

16. **Rechtsanwaltsordnung.** Von **R. Sydow.** 5. Aufl. von Justizrat **M. Jacobsohn.** 1907. Mit Ergänzungen vom 22. V. 1910. 1 M. 20 Pf.

17. **Die Deutsche Gebührenordnung für Rechtsanwälte und das Preußische Gebührengesetz** vom 27. September / 6. Oktober 1899. Von **R. Sydow.** Fortgeführt von **L. Busch.** 9. Aufl. 1910. 2 M.

18. **Reichsstempelgesetz (Börsensteuer, Frachturkunde, Kraftfahrzeuge, Personenfahrkarte, Tantieme für Aufsichtsratsmitglieder).** Vom 15. Juli 1909. Von **P. Loeck,** Geh. Regierungsrat. 10. Aufl. 1910. 8°. 6 M.

19. **Die Seegesetzgebung.** Von Dr. **W. E. Knitschky.** 4. Aufl. bearbeitet von Oberlandesgerichtsrat **Otto Rudorff** in Hamburg. 1908. Mit Anhang vom Januar und Juli 1909. 6 M.

20. **Krankenversicherungsgesetz.** Von weil. Dr. **E. von Woedtke.** 11. Aufl. von Geh. Reg.-Rat Dr. **G. Eucken-Addenhausen.** 1905. 3 M.

21. Die **Konsulargesetzgebung.** Von Professor Dr. **Ph. Zorn.** 3. Aufl. 1911. 4 M. 50 Pf.

22. **Patentgesetz.** Nebst Ausführungsbestimmungen, völkerrechtlichen Verträgen und der Patentanwalts-Ordnung. 7. Aufl. bearbeitet von **R. Lutter,** Geh. Reg.-Rat im Kaiserl. Patentamt. 1908. 2 M. 80 Pf.

23. **Gewerbe-Unfallversicherungsgesetz.** Von weil. Dr. **E. v. Woedtke.** 9. Aufl. von **Franz Caspar,** Direktor im Reichsamt des Innern. 1907. 2 M. 50 Pf.

24. **Aktiengesellschaft und Kommanditgesellschaften auf Aktien.** Von Justizrat Dr. **H. Veit Simon** und Amtsrichter **L. Keyssner.** 1911. 6. Aufl. 3 M.

25. **Brausteuergesetz** vom 15. Juli 1909. Von **A. Düffe**, Oberzollrevisor. 2. Aufl. 1909. 3 M.

26. **Die Reichsgesetzgebung über Münz- und Notenbankwesen**, Papiergeld, Prämienpapiere und Reichsschulden. Von Dr. jur. **R. Koch**, Präsident des Reichsbankdirektoriums. 6. Aufl. 1910. 4 M.

27. Die **Gesetzgebung**, betr. das **Gesundheitswesen** im Deutschen Reich. Von Dr. jur. **C. Goesch** und Dr. med. **J. Karsten**. 1888. 1 M. 60 Pf.

28. **Bau-Unfallversicherungsgesetz**. Vom 30. Juni 1900. Von **R. Chrzescinski**, Kaiserl. Regierungsrat. 3. Aufl. 1900. 2 M.

29. **Erwerbs- und Wirtschaftsgenossenschaften**. Von **L. Parisius** und Dr. **H. Crüger**. 13. Aufl. von Dr. **H. Crüger**. 1910. 1 M. 50 Pf.

30. **Invalidenversicherungsgesetz** vom 13. Juli 1899. Von weil. Dr. **E. v. Woedtke**. 10. Aufl. von Regierungsrat **H. Follmann**. 1906. 4 M.
Siehe auch Handausgabe von Freund Seite 24.

31. **Gewerbegerichtsgesetz**. Von Stadtrat **L. Mugdan**. 7. Aufl. bearbeitet von **W. Cuno**, Oberbürgermeister zu Hagen i. W. 1911.

32. Reichsgesetz, betr. die **Gesellschaften mit beschränkter Haftung**. Von **L. Parisius** und Dr. **H. Crüger**. 11. Aufl. von Dr. **H. Crüger**. 1910. 1 M. 40 Pf.

33. **Vereins- und Versammlungsrecht.** Von Dr. **E. Ball.** 2. Aufl. von Dr. **F. Friedenthal.** 1907. 2 M. 50 Pf.
Reichs-Vereinsgesetz vom 19. April 1908 vide Nr. 88.

34. Die **Abzahlungsgeschäfte.** Gesetz vom 16. Mai 1894. 3. vermehrte Aufl. besorgt von Dr. **E. Wilke,** Landgerichtsrat. 1910. 1 M. 25 Pf.

35. Die **Reichs-Eisenbahngesetzgebung.** Von **W. Coermann,** Kaiserl. Amtsrichter. 1895. 2 M. 25 Pf.

36. Gesetze, betr. die **privatrechtlichen Verhältnisse der Binnenschiffahrt und der Flößerei.** Von **E. Löwe,** Landgerichtsrat. 4. Aufl. 1909. 3 M.

37. **Gesetz** gegen den **unlauteren Wettbewerb.** Von Justizrat **Pinner.** 5. Auflage. 1910. 1 M. 25 Pf.

38/39. **Bürgerliches Gesetzbuch nebst Einführungsgesetz** von Dr. **A. Achilles.** In Verbindung mit Professor Dr. **André,** Kammergerichtsrat **Ritgen,** Reichsgerichtsrat Dr. **Strecker,** Ministerialrat Dr. v. **Unzner,** herausgegeben von Geh. Ober-Justizrat **Greiff.** 6. Aufl. 8°. 1909. 6 M. 50 Pf.

40. **Gesetz,** betr. die **Pflichten der Kaufleute bei Aufbewahrung fremder Wertpapiere (Depotgesetz).** Mit Erläuterungen. Von **F. Lusensky,** Geh. Ober-Regierungsrat. 2. Aufl. 1905. 1 M.

41. **Börsengesetz.** In der Fassung der Novelle vom 8. Mai 1908. 2. Aufl. Von Wirkl. Geh. Ob.-Regierungsrat **Th. Hemptenmacher,** Staatskommissar an der Berliner Börse. 1908. 2 M.

42. **Grundbuchordnung** nebst den preußischen Ausführungsbestimmungen. Mit Einleitung. Von Prof. Dr. **O. Fischer.** 5. Aufl. 1909. 2 M.

43. **Zwangsvollstreckung in das unbewegliche Vermögen** im Reiche und in Preußen. Mit Einleitung, Kosten- und Gebührentabellen. Von Dr. **J. Krech,** Kaiserl. Geh. Regierungsrat und Professor Dr. **O. Fischer.** 6. Aufl. 1910. 2 M.

44. Das Reichsgesetz über das **Auswanderungswesen** vom 9. Juni 1897. Von Professor Dr. **Felix Stoerk.** 1899. 2 M. 25 Pf.

45. Das **Entmündigungsrecht** unter Berücksichtigung der für Preußen geltenden Vorschriften nebst der preußischen Justiz-Ministerial-Verfügung vom 28. November 1899. Von Landgerichtsrat Dr. **P. Koll** in Cöln. 1900. 1 M. 50 Pf.

46. Die Gesetze des Reiches und Preußens über die **freiwillige Gerichtsbarkeit.** Von **Herm. Jastrow,** Amtsgerichtsrat. 4. Aufl. 1906. 3 M.

47. **Das deutsche Vormundschaftsrecht** und das preuß. Gesetz über die Fürsorgeerziehung Minderjähriger nebst den dazu gehörigen preußischen Nebengesetzen. Von **Max Schultzenstein,** Oberverwaltungsgerichtsrat und Amtsgerichtsrat Dr. **Paul Köhne.** 2. Aufl. 1901. 3 M.

48. Gesetze und Verordnungen, betr. den **Drogen-, Gift- und Farbenhandel** außerhalb der Apotheken. Von Dr. **Broh,** Rechtsanwalt. 1899. 1 M. 25 Pf.

49. Deutsche **Kolonialgesetzgebung.** Von Professor Dr. **Philipp Zorn.** 1901. 4 M. 50 Pf.

50. Der **Viehkauf** (Viehgewährschaft) nach dem Bürgerlichen Gesetzbuche. Nebst Verordn. betr. die Hauptmängel und Gewährsfristen beim Viehhandel. Von Rechtsanwalt Dr. **H. Stölzle** und Königl. Kreistierarzt **H. Weiskopf.** 4. Aufl. 1908. 4 M.

51. **Hypothekenbankgesetz** vom 13. Juli 1899. Von Dr. **H. Göppert.** 2. Aufl. Bearbeitet v. Geh. Reg.-Rt. Dr. **Seidel.** 1910. 2 M. 40 Pf.

52. Gesetz, betreffend die gemeinsamen **Rechte der Besitzer von Schuldverschreibungen.** Von Dr. **Heinrich Göppert.** 1900. 2 M.

53. **Reichspreßgesetz** vom 7. Mai 1874. Kommentar von **A. Born,** Erster Bürgermeister. 1911. 2. Aufl. 2 M.

54. **Die Reichsgesetzgebung über den Verkehr mit Nahrungsmitteln, Genußmitteln und Gebrauchsgegenständen.** Von Dr. **Georg Lebbin,** Nahrungsmittelchemiker. 1900. 2 M. 25 Pf.

55. **Das Recht der Beschlagnahme von Lohn- und Gehaltsforderungen.** Von Justizrat **Georg Meyer.** 4. Aufl. 1910. 2 M. 60 Pf.

56. **Gesetz,** betr. die **Bekämpfung gemeingefährlicher Krankheiten.** Nebst Ausführungsbestimmungen. Von Dr. **Bruno Burkhardt,** Regierungsrat, Mitglied des Kais. Gesundheitsamts. 1900. 1 M. 40 Pf.

57. **See-Unfallversicherungsgesetz.** Von **Dr. Max Mittelstein,** Oberlandesgerichtsrat in Hamburg. 1901. 2 M.

58. **Das Recht der unehelichen Kinder** nach dem BGB. Von **Hermann Jastrow,** Amtsg.-Rat. 1901. 1 M. 80 Pf.

59. Reichsgesetz über die **Beurkundung des Personenstandes und die Eheschließung.** Von Dr. **F. Fidler,** Amtgerichtsrat. 1901. 1 M. 80 Pf.

60. **Gesetz,** betreffend das **Urheberrecht an Werken der Literatur und der Tonkunst** in der Fassung vom 22. V. 1910. Von Geh. Justizrat **Otto Lindemann.** 3. Aufl. 1910. 1 M. 60 Pf.

61. **Gesetz über das Verlagsrecht.** Von Justizrat **E. Heinitz.** 2. Aufl. Bearbeitet v. Rechtsanwalt Dr. Br. **Marwitz.** 1911. 1 M. 80 Pf.

62. Ges. über **private Versicherungsunternehmungen.** Von **H. Könige,** Reichsgerichtsrat. 2. Aufl. 1910. 4 M. 20 Pf.

63. **Gesetzestafel des Deutschen Reichsrechts.** Systematisch geordnete Nachweisung des z. Z. geltenden Reichsrechts. Ergänzungsband zu der Guttentag'schen Sammlung Deutscher Reichsgesetze. Von **Hugo Bruhns,** Syndikus. 1902. 8°. 2 M. 50 Pf.

64. Gesetzsammlung betr. den **Handel mit Drogen und Giften.** Reichsgesetzl. Bestimmungen und Anhang mit den landesgesetzl. Verordnungen sämtlicher Bundesstaaten. Von Rechtsanwalt **H. Sonnenfeld,** Syndik. d. Berl. Drogisten-Innung. 1902. 3 M.

65. Das **Weingesetz** in der Fassung v. 1909. Mit Ausführungsbestimmungen von Dr. **Georg Lebbin,** Handels- u. Gerichtschemiker. 2. Aufl. 1909. 2 M. 50 Pf.

66. Die **Eisenbahn-Gesetzgebung.** Von **W. Pietsch,** Rechnungsrat im Reichs-Eisenbahn-Amt. 1902. 5 M.

67. **Militär-Strafgesetzbuch.** Von **Romen** u. **Rißom.** In Vorbereitung.

68. Das **Fleischbeschaugesetz.** Vom 3. Juni 1900. Von Dr. **Georg Lebbin,** Gerichtschemiker und Rechtsanwalt Dr. **Georg Baum.** 1903. 4 M.

69. **Reichsgesetz über die Naturalleistungen der bewaffneten Macht im Frieden** nebst den in Preußen geltenden Bestimmungen. Von Regierungsassessor Dr. **Walter v. Hippel.** 1903. 1 M. 25 Pf.

70. **Das Reichs-Haftpflichtgesetz,** vom 7. Juni 1871. Von Regierungsrat Dr. **G. Eger.** 1903. Preis 3 M.

71. **Kinderarbeit in gewerblichen Betrieben,** v. 30. März 1903. Von **H. Spangenberg,** Oberverwaltungsgerichtsrat. 2. Aufl. 1904. 1 M. 60 Pf.

72. **Unfallversicherungsgesetz für Land- und Forstwirtschaft** von weil. Dr. **E. von Woedtke,** fortgesetzt von **Alfred Radtke,** Geh. Regierungsrat und Senatspräs. im Reichsversicherungsamt. 2. Aufl. 1904. 4 M. 50 Pf.

73. **Entschädigung für unschuldig erlittene Verhaftung und Bestrafung.** Nebst Anhang, enth. die dazu gehörigen Nebengesetze über Schadensersatz. Von Dr. jur. **A. Romen,** Wirkl. Geh. Kriegsrat. 1904. 2 M.

74. Die **Kaufmannsgerichte** nebst den preuß. Ausführungsbestimmungen. Von Prof. Dr. **Max Apt,** 3. Aufl. 1905. 2 M.

75. **Reichsgesetz** über die **Konsulargerichtsbarkeit.** Von Dr. jur. **A. F. Vorwerk,** Rechtsanwalt in Schanghai. 2. Ausgabe, mit dem Schutzgebietsgesetz und der Ausführungsverordnung, betr. die Rechtsverhältnisse in den Schutzgebieten. 1908. 2 M.

76. **Die Rechtshilfe im Verkehr mit den ordentlichen Gerichten nach deutschem Reichsrecht.** Von Landrichter Dr. **A. Friedländer.** 1906. 1 M. 80 Pf.

77. **Das Reichserbschaftssteuergesetz.** Vom 3. Juni 1906. Von **Ulrich Hoffmann,** Rechnungsrat im Kgl. Preuß. Finanzministerium. 2. Aufl. 1911. 5 M.

78. **Zigarettensteuergesetz.** Vom 15. Juli 1909. Von Dr. **Cuno,** Regierungsassessor. 2. Aufl. 1909. In Vorbereitung, nach Erlaß der sämtl. Ausf.-Best.

79. **Die Militärpensionsgesetze** vom 31. Mai 1906 nebst Ausführungsbestimmungen. Zum Gebrauch für Heer, Marine und Schutztruppe von Dr. jur. **A. Romen,** Wirklicher Geheimer Kriegsrat.

a) I. Teil: Offizierpensionsgesetz. 1907. 3 M. 50 Pf.

b) II. Teil: Mannschaftsversorgungsgesetz. 1908. 3 M. 50 Pf.

80. **Reichsgesetzgebung über gerichtliche Registerführung.** Von **Otto Lindemann,** Geh. Justizrat 1906. 3 M.

81. Gesetz, betr. **Urheberrecht an Werken der bildenden Künste und der Photographie.** Von Dr. **Ludw. Fuld,** Rechtsanwalt. 1907. 1 M.

82. **Reichsbeamtengesetz** in der Fassung vom 18. Mai 1907 und seine Ergänzungen von Geheimrat Professor Dr. **Ad. Arndt.** 1908. 3 M.

83. Reichsgesetz über **den Versicherungsvertrag** nebst Einführungsgesetz. Von Dr. **Paul Hager** und Dr. **E. Bruck.** 2. vermehrte u. verbess. Aufl. 1910. 5 M.

84. **Sammlung kleinerer privatrechtlicher Reichsgesetze** v. Oberl.-Ger.-R. **Georg Müller.** 1908. 6 M. 50 Pf.

85. **Scheckgesetz** mit Einleitung usw. Von Prof. Dr. **Max Apt.** 5. Aufl. Mit Postscheckordnung v. 6. XI. 1908 und im Anhang „Besteuerung des Schecks". 1909. 2 M.

Postscheckordnung vom 6. XI. 08. Apart mit Erläuterungen u. Ausführungsbestimmungen. (30 Pf.)

86. **Die Auslieferungsverträge des Deutschen Reiches** von Landrichter **A. Cohn.** 1908. 4 M.

87. Gesetz zum **Schutz der Warenbezeichnungen.** Von Geh. Reg.-Rat, Mitgl. des Patentamts Dr. **Freund** u. Rechtsanwalt **Magnus.** 5. Aufl. 1909. 3 M. 50 Pf.

88. **Vereinsgesetz** vom 19. April 1908. Von Dr. jur. **A. Romen,** Wirkl. Geh. Kriegsrat. 2. Aufl. 1908. 1 M. 50 Pf.

89. **Vogelschutzgesetz** vom 30. Mai 1908 nebst den das Flugwild betr. Bestimmungen der Preußischen Jagdordnung von Dr. jur. **Leo von Boxberger.** 1908. 1 M.

90. Die Haager Abkommen über das **Internationale Privatrecht** von Dr. **G. A. E. Bogeng.** 1908. 2 M. 20 Pf.

91. **Eisenbahn-Verkehrsordnung** vom 23. Dez. 1908. Mit Ausführungsbestimmungen. Von Regierungsassessor bei der Eisenbahndirektion Breslau Dr. **Ernst Blume.** 1909. 2 M. 50 Pf.

92. Gesetz, betr. den **Verkehr mit Kraftfahrzeugen.** Von Amtsrichter **R. Kirchner.** 2. **Ausgabe** ergänzt durch die Bundesratsverordnung v. 3. Febr. 1910 u. das Internationale Uebereinkommen v. 11. Okt. 1909. 1910. 3 M.

93. Gesetz über die **Sicherung der Bauforderungen** von Justizrat Dr. **E. Harnier.** 2. Aufl. 1909. 1 M. 30 Pf.

94. **Haftpflicht der Reichs- und Staats-Beamten** v. Dr. **H. Delius.** 2. Aufl. 1909. Mit dem Nachtrag, betr. das Gesetz über die Haftung des Reichs für seine Beamten v. 22. Mai 1910. 3 M. 50 Pf.

95. Die Berner Uebereinkunft über **internationales Urheberrecht** von Dr. **Herm. Dungs,** vortrag. Rat im Reichsjustizamt. 1910. 1 M.

96. **Branntweinsteuergesetz** vom 15. Juli 1909. Unter Berücksichtigung der für das Reich erlassenen Ausführungsbestimmungen. Von Geh. Reg. Rat **Johs. Nay,** vortrag. Rat im Reichsschatzamt. 1910. 3 M. 50 Pf.

97. **Schutzgebietsgesetz** nebst der Verordnung betr. die Rechtsverhältnisse in den Schutzgebieten, dem Gesetz über die Konsulargerichtsbarkeit sowie den Ausführungsbest. u. ergänz. Vorschriften. Von **Johs. Gerstmeyer,** Wirkl. Legationsrat u. Vortrag. Rat im Reichskolonialamt. 1910. 3 M.

98. **Sechs Haager Abkommen** über **Internationales Privatrecht.** Von Dr. **Herm. Dungs,** vortrag. Rat im Reichs-Justizamt. 1910. 1 M. 50 Pf.

99. **Die Abkommen der Haager Friedenskonferenz** von Dr. jur. **Hans Wehberg.** 1910. 3 M.

100. Gesetz über den **Absatz von Kalisalzen.** Von Geh. Bergrat **Carl Voelkel.** 1910. 2 M. 40 Pf.

101. **Wertzuwachssteuer.** Von Reg.-Rat **Cuno.** 1911. Im Druck.

Guttentag'sche Sammlung

Preußischer Gesetze.

Text-Ausgaben mit Anmerkungen. Taschenformat.

---

1. **Die Verfassungs-Urkunde** für den Preußischen Staat. Mit Einleitung, vollständigem Kommentar. Von Prof. Dr. **Adolf Arndt.** 7. Aufl. 1911. 4 M.

2. Preußische **Beamten-Gesetzgebung.** Enthaltend die wichtigsten Beamtengesetze in Preußen. Von **C. Pfafferoth.** 4., neubearb. Aufl. 1905. Mit Anhang: Abänderung vom 27. Mai 1907. 2 M.

3. **Die Aufnahme des Nottestaments** durch die bestellten Urkundspersonen. Anweisung mit Musterbeispielen und Abriß des Erbrechts von Amtsgerichtsrat **C. Kurtz.** 1904. 1 M. 50 Pf.

4. **Gebührenordnung** für **Notare** vom 25. Juli 1910. 4. Aufl. bearbeitet von Justizrat **Rausnitz.** 1910. 2 M. 20 Pf.

5. **Gesetz vom 24. April 1854 (betr. die außerehel. Schwängerung).** Von Dr. **Schulze.** 1873. 75 Pf. Gültiges Recht siehe: Reichsgesetze Nr. 58.

6. Die Preuß. **Ausführungsgesetze und Verordnungen zu den Reichs-Justizgesetzen.** Von **R. Sydow.** 3. vermehrte Aufl. 1895. 2 M. 40 Pf. S. Seite 23, Busch-Eylau, Ausführungsgesetze.

7. **Allg. Gerichtsordnung** und Preuß. **Konkursordnung.** Von **F. Vierhaus.** Vergriffen.

8. **Vormundschaftsordnung**. Von **F. Schultzenstein.** Gültiges Recht siehe: Reichsgesetze Nr. 47.

9. Die Preußische **Grundbuchgesetzgebung**. Von Prof. Dr. **Fischer.** Vergriffen. Siehe: Reichsgesetze Nr. 42.

10. **Einkommensteuergesetz**. Von **A. Fernow,** Geh. Ober-Finanzrat. 7. Aufl. 1908/9. Mit Nachtrag v. 22. III. u. 26. V. 09. 3 M. 25 Pf.

11. **Gewerbesteuergesetz**. Von **A. Fernow,** Geh. Ober-Finanzrat. 5., vermehrte Aufl. 1910. 3 M.

12. **Allgemeines Berggesetz** für die Preußischen Staaten vom 24. Juni 1865. Von **W. Westhoff** und **W. Schlüter.** 2. Aufl. 1907. Mit Nachtrag v. 1909. 5 M.

13. **Ergänzungssteuergesetz** (Vermögenssteuergesetz). Von **A. Fernow,** Geh. Ober-Finanzrat. 4. vermehrte Aufl. 1907. 2 M. 40 Pf.

14. **Kommunalabgabengesetz.** Vom 14. Juli 1893 und Gesetz wegen Aufhebung direkter Staatssteuern. Von Dr. **F. Adickes,** Oberbürgermeister. 4. Aufl. 1906. 1 M. 50 Pf.

15. Die **Kreisordnungen** für den Preußischen Staat. Von **O. Kolisch,** Landgerichtsrat. 1894. 4 M.

16. **Konzessionierung gewerblicher Anlagen.** Preuß. Ausführungs-Anweisung zu §§ 16 u. ff. der Gewerbe-Ordnung. Von Dr. **W. v. Rüdiger,** Geh. Regierungs- u. Gewerberat. 2. Aufl. 1901. 2 M.

17. **Preußisches Gerichtskostengesetz.** Vom 25. Juli 1910. Mit Kostentabellen. Von Dr. **P. Siméon,** Kammergerichtsrat. 6. Aufl. 1910. 3 M. 60 Pf.

18. **Preußisches Stempelsteuergesetz vom** 30. Juni 1909. Mit Ausführungsbestimmungen. Von **P. Loeck,** Geh. Regierungsrat. 7. Aufl. 8°. 1911. 7 M.

19. **Das Jagdscheingesetz.** Mit ausführlichen Erläuterungen. Von **F. Kunze,** Wirklichem Geh. Ober-Regierungsrat. 2. Aufl. 1899. 2 M.

20. **Die preußischen Erbschaftssteuergesetze.** Unter Berücksichtigung der Novelle vom 31. Juli 1895. Von **U. Hoffmann,** Rechnungsrat im Königl. preuß. Finanzministerium. 1905. 4 M. (Reichs-Erbschaftssteuergesetz s. Reichsgesetze Nr. 77).

21. **Gesetz über die Handelskammern.** Von **F. Lusensky,** Geh. Regierungsrat. 2. Aufl. 1909. 3 M.

22. **Gesetz, betr. Anstellung und Versorgung der Kommunalbeamten.** Von Dr. **W. Ledermann,** Magistratsassessor zu Berlin. 1899. 1 M. 25 Pf.

23. **Ausführungsgesetz zum Bürgerlichen Gesetzbuche.** Von Kammergerichtsrat Dr. **P. Siméon.** 2. Aufl. 1905. 1 M. 80 Pf.

24. **Die Hinterlegungsordnung** in der Fassung des Ausführungsgesetzes z. BGB. v. 20. Sept. 1899 nebst Ausführungsbestimmungen. Von Regierungsrat Dr. **Georg Bartels.** 2. Aufl. 1908. 2 M.

25. **Preußische Kommunalbeamtengesetzgebung.** Von Magistr.=Assess. Dr. **Fr. Kremski,** Berlin. 1901. 3 M.

26. Gesetze über das **Diensteinkommen der Lehrer und Lehrerinnen, Ruhegehalt und Fürsorge für Hinterbliebene.** Tabelle zur Berechnung der Ruhegehalts=, Witwen= u. Waisenbezüge. Von Dr. **Ed. Cremer,** Beigeordneter. 1900. 2 M. 40 Pf.

27. Gesetz, betreffend die **Warenhaussteuer.** Von Geh. Ober=Finanzrat Dr. **G. Strutz.** 1900. 1 M. 20 Pf.

28. Gesetz über die **Fürsorgeerziehung Minderjähriger.** Von Landgerichtsdirektor Dr. **P. F. Aschrott.** 2. umgearbeitete **Aufl.** 1907. 2 M. 80 Pf.

29. Gesetz, betr. **die ärztlichen Ehrengerichte, das Umlagerecht und die Kassen der Aerztekammern.** Von Amtsgerichtsrat Dr. **F. Fidler.** 1901. 1 M. 50 Pf.

30. **Das Preußische Staatsschuldbuch** und **Reichsschuldbuch.** Von Wirkl. Geh. Ober=Finanzrat **J. Mücke,** 1902. 2 M.

31a. **Die geltenden Preußischen Gesindeordnungen.** Herausgegeben in zwei Bänden von **Stephan Gerhard,** Rechtsanwalt in Berlin. 1902.

Band I: Gesindeordnung für die altpreußischen Provinzen vom 8. XI. 1810, mit Erläuterungen unter Berücksichtigung der Ergänzungsgesetze und der Rechtsverhältnisse der Gesindevermieter, sowie die Gesindeordnungen für Neuvorpommern und Rügen und für die Rheinprovinz. 2 M. 50 Pf.

31b. **Band II: Gesindeordnungen für Hannover, Schleswig-Holstein, Hessen-Nassau und den Regierungsbezirk Hohenzollern.** 2 M. 50 Pf.
Siehe auch Seite 24: Ratgeber von Grieben.

32. **Die Städteordnung für die sechs östlichen Provinzen Preußens vom 30. Mai 1853. Von Dr. jur. Walter Ledermann,** Stadtrat zu Berlin. 8⁰. 1902. 6 M.

33. **Rentenguts- und Anerbenrechts-Gesetzgebung in Preußen.** Von Landgerichtsrat **M. Peltasohn** und Rechtsanwalt **Bruno Peltasohn.** 1903. 3 M.

34. **Sammlung der wichtigsten preußischen Strafgesetze** nebst Anhang: Gesetz betr. polizeiliche Strafverfügungen vom 23. April 1883. Von **Otto Lindemann,** Geheimer Justizrat. 1903. 2 M. 50 Pf.

35. **Geschäftsordnung für Gerichtsvollzieher.** Gerichtsvollzieherordnung und Gebührensätze von Amtsgerichtssekretär **Emil Exner.** 1904. 3 M. 50 Pf.

36. **Polizeiverordnungen in Preußen.** Von **Otto Lindemann,** Geh. Justizrat. 1904. 1 M. 50 Pf.

37. Gesetz über die **Enteignung von Grundeigentum** vom 11. Juni 1874. Von Oberlandesgerichtsrat **O. Meyer.** 2. Aufl. 1911. 2 M. 25 Pf.

38. **Kreis- und Provinzial-Abgabengesetz.** Vom 23. April 1906. Von **Fr. Schmidt,** Gemeindevorsteher. 1906. 1 M. 25 Pf.

39. Gesetz betr. die **Unterhaltung der öff. Volksschulen.** Von **Dr. A. Marcks,** Reg.-Rat. 1906. 2 M.

40. **Verwaltungsstrafverfahren** bei Zuwiderhandlungen gegen die Zollgesetze und indirekte Reichs- und Landesabgaben, sowie die Bestimmungen über die Schlacht- und Wildpretsteuer vom 26. Juli 1897. Von **Dr. Richard Katzenstein,** Gerichtsassessor. 1907. 3 M. 60 Pf.

41. **Die preußischen Jagdpolizeigesetze.** Von **Fr. Kunze,** Wirkl. Geh. Oberregierungsrat und **R. Kühnemann,** Rechtsanwalt. 2. Aufl. 1907. 3 M. 60 Pf.

42. Die Gesetzgebung über die **Allgemeine Landesverwaltung** und über die **Zuständigkeit der Verwaltungs- und Verwaltungsgerichtsbehörden.** Von Rechtsanwalt **Dr. Karl Friedrichs.** 1908. 3 M.

43. Gesetz betr. die **Zulassung einer Verschuldungsgrenze** für land- und forstwirtschaftlich benutzte Grundstücke v. 20. August 1906 nebst Ausführungsvorschriften. Von Dr. jur. **R. Leweck,** Syndikus der Ostpreuß. Landschaft. 1908. 2 M. 40 Pf.

44. **Quellenschutzgesetz** vom 14. Mai 1908 nebst den Ausführungsbestimmungen von **Carl Voelkel,** Geheimer Bergrat. 1909. 1 M.

45. **Rechtsverhältnisse der Juden in Preußen** von Dr. jur. et rer. pol. **Max Kollenscher,** Rechtsanwalt. 1910. 2 M. 40 Pf.

46. **Austritt aus der Landeskirche** v. 14. 5. 1873. Von Gerichtsass. **Hrch. Chr. Caro.** 1911. ca. 3 M.

Guttentag'sche Sammlung von Text-Ausgaben mit Sachregister ohne Anmerkungen.

Taschenformat, elegant in Leinen gebunden.

Reichs-Justizgesetze: Gerichtsverfassungsgesetz. Zivilprozeßordnung. Konkursordnung. Strafprozeßordnung. 2. Aufl. In einem Bande 3 M. 80 Pf.

Zivilprozeßordnung mit **Gerichtsverfassungsgesetz** und **Einführungsgesetzen.** Neue Fassung von 1909 mit Ergänzungen v. 22. Mai 1910. 2 M.

Konkursordnung mit **Einführungsgesetz.** 80 Pf.

Bürgerliches Gesetzbuch nebst **Einführungsgesetz.** 10. Abdruck. 2 M. 50 Pf.

Handelsgesetzbuch nebst **Einführungsgesetz** u. **Seerecht.** 8. Abdruck. 1910. 1 M. 80 Pf.

Ausführungsanweisung zur Gewerbeordnung vom 1. Mai 1904 nebst der preuß. technischen Anleitung. 2 M.

Militärstrafgerichtsordnung nebst **Einführungsgesetz** u. Ges., betr. Dienstvergehen der richterlichen Militärjustizbeamten u. unfreiwillige Versetzung derselben usw. **Militär-Strafgesetzbuch***) mit Abdruck der entsprechenden Bestimmungen des Reichs-Strafgesetzbuchs. 2. Aufl. 1 M. 50 Pf. *) Ist auch einzeln zu haben. Preis 1 Mk.

Wechselordnung in der Fassung der Bekanntmachung v. 3. Juni 1908. Mit Anhang: **Wechselprozeß und Ausführungsanweisung.** 1908. 1 M.

Die Preußischen Ausführungsgesetze zum Bürgerlichen Gesetzbuche und Nebengesetze. Text-Ausgabe ohne Anmerkungen. 5. Aufl. Taschenformat. Geb. in ganz Leinen Preis 1 M. 80 Pf.

Reichsfinanzgesetze v. 15. Juli 1909 einschließlich der **Reichsstempelgesetze** u. des **Erbschaftssteuergesetzes.** 1909. Geb. in ganz Leinen. 2 M.

Zuwachssteuergesetz. 80 Pf.

Die Preußischen Ausführungsgesetze, Verordnungen und ministeriellen Verfügungen zu dem Bürgerlichen Gesetzbuche und den Reichs-Justizgesetzen nebst anderen zugehörigen Gesetzen. Von **L. Busch.** 2. Aufl. von Landrichter **O. Eylau.** 8°. Preis geb. 4 M. 50 Pf.

Preußische Bürgerliche Gesetzsammlung. Sammlung der noch geltenden Landesgesetze privatrechtlichen Inhalts. Herausgegeben von den Gerichtsassessoren **D. Fischer** und **Dr. F. Schroeder.** 8°. 2 Bände Preis geb. in ganz Leinen 20 M.

Erster Band: **Das Allgemeine Landrecht mit den Einführungs-Patenten.** Preis 6 M.

Zweiter Band: **Gesetze von 1773—1902.** Preis 14 M.

Preußisches Baupolizeirecht. Mit Kommentar der Baupolizeiverordnung für die Vororte von Berlin. Vom 28. Mai 1907. Von Gemeinde-Baurat **Carl Saß,** Königlichen Reg.-Baumeister a. D. Preis 6 M.

Straßen- und Baufluchtliniengesetz. Kommentar für den praktischen Gebrauch mit zeichnerischen Darstellungen von Gemeindebaurat **Karl Saß,** Kgl. Regierungsbaumeister a. D. 8°. Preis kartoniert 3 M.

Fluchtliniengesetz. — Das Gesetz, betreffend die **Anlegung** und **Veränderung** von Straßen und Plätzen in Städten und ländlichen Ortschaften vom 2. Juli 1875. Des Kommentars von weil. Oberverwaltungsgerichtsrat R. Friedrichs. Sechste, völlig neubearbeitete Auflage. Von Senatspräsident Dr. jur. Hugo von Strauß und Torney. In Vorbereitung

Invalidenversicherungsgesetz vom 13. Juli 1899. Handausgabe mit Anmerkungen herausgegeben von Dr. Richard Freund, Vorsitzendem der Landes-Versicherungsanstalt Berlin. 3 Aufl. geb. 5 M.

Wie leitet man eine Versammlung? Geschäftlicher Handweiser für Vorsitzende. Von einem Mitgliede des deutschen Reichstages und des preußischen Abgeordnetenhauses. 2. Aufl. 1908. kart. 1 M.

Praktischer Ratgeber für Dienstherrschaften nach dem Preuß. Gesinderecht unter Berücksichtigung der neueren Entscheidungen bearbeitet von H. Grieben, Verwaltungsdir. a. D. u. Bürgermeister. 1908. 1 M.

Das Recht der Handlungsgehilfen und Handlungslehrlinge. Von Rechtsanwalt Hugo Horrwitz. 2. Aufl. 1905. (203 S.) Geb. in Leinen 3 M.

Die Registratur. 2. Auflage. 1906. Von Hermann Kollrack, Kgl. Polizeisekretär am Berliner Polizeipräsidium. 8°. (84 S.) Kart. 1 M. 40 Pf.

Die Pflichten des Waisenrates. Ein praktischer Leitfaden für Waisenräte und Verwaltungsbeamte. Von F. Baum, Geh. Justizrat und Vormundschaftsrichter. Achte vermehrte und verbesserte Auflage. 1906. 8°. (46 S.) 60 Pf.

Der Vormund, Gegenvormund, Pfleger u. Familienrat. Nach dem Bürgerlichen Gesetzbuch, dem Reichsgesetz über die Angelegenheiten der freiwilligen Gerichtsbarkeit und dem Ausführungsgesetz zum BGB. Ein praktischer Leitfaden. Von F. Baum, Geh. Justizrat und Vormundschaftsrichter. 1899 8°. (64 S.) 50 Pf.

Schlagwort-Register.

R. = Nummer der Sammlung Deutscher **Reichs**gesetze
P. = Nummer der Sammlung **Preußischer** Gesetze.
S. = Seite.

---

6. 51 000. V. 11.

FSC
www.fsc.org
MIX
Papier | Fördert gute Waldnutzung
FSC® C083411

Kolibri 360 GmbH
Ferdinand-Jühlke-Straße 7
99095 Erfurt, Deutschland
produktsicherheit@kolibri360.de